LA
VIE COMMERCIALE

DANS SES RAPPORTS AVEC LA LOI

3751-77. — Corbeil. Typ. et stér. de Crété

MANUEL DU COMMERÇANT

LA VIE COMMERCIALE

DANS SES RAPPORTS AVEC LA LOI

PAR

MAXIME LECOMTE

DOCTEUR EN DROIT,

ANCIEN AVOUÉ, AVOCAT A LA COUR D'APPEL D'AMIENS,

PROFESSEUR DE DROIT COMMERCIAL A LA SOCIÉTÉ INDUSTRIELLE D'AMIENS.

Notions élémentaires et pratiques de droit commercial terrestre : — Textes. — Principes. — Applications et formules.

I. Le commerçant s'établit. — II. La Vie commerciale. — III. L'Association. — IV. Les Procès. — V. La Faillite, la Banqueroute et la Réhabilitation.

Bibliographie de droit commercial.

Table des formules. Table alphabétique et analytique

PARIS

LIBRAIRIE RENOUARD, H. LOONES SUCCESSEUR

6, RUE DE TOURNON, 6

MARESCQ AINÉ, 20, rue Soufflot.

1878

INTRODUCTION

L'industrie est le travail de l'homme appliqué à la matière. L'agriculteur produit, l'industriel fabrique, le commerçant échange. Aussi, les économistes divisent l'industrie en trois branches principales : 1° l'industrie agricole ; 2° l'industrie proprement dite ; 3° l'industrie commerciale.

Dans la pratique, et même pour les jurisconsultes, le *commerce* est la spéculation sur les marchandises. Il comprend l'industrie manufacturière, qui transforme les matières premières ; l'industrie commerciale, qui s'occupe des échanges, et l'industrie voiturière, qui spécule sur les transports.

Le *commerçant ou négociant* se fait l'intermédiaire entre la production et la consommation.

Montesquieu dit qu'une histoire du commerce serait l'histoire de la communication des peuples. Nous ne pouvons, dans un livre élémentaire, jeter même un rapide coup d'œil sur le développement du commerce et de l'industrie depuis l'origine des sociétés jusqu'à nos jours. Nous examinerons seulement le caractère du *mouvement industriel et commercial dans les temps modernes.*

Les Croisades avaient servi la cause de la civilisation en favorisant l'émancipation des serfs, en faisant connaître de nouvelles industries, de nouveaux débouchés. Depuis longtemps déjà la boussole permettait aux Chinois et aux Arabes de se diriger à travers les mers. Les Croisades donnèrent la boussole à l'Occident, et avec les perfectionnements apportés à l'invention par un pilote italien, Gioïa, les grands voyages de découvertes devinrent possibles.

Un siècle et demi plus tard se produisait une invention qui allait renouveler la face du monde par la vulgarisation de la science et des procédés de l'industrie, jusque-là le privilège ou le secret de quelques-uns. Guttenberg, par l'invention de l'imprimerie, inaugurait, dans la sphère intellectuelle, un nouveau monde. Encore un demi-siècle, et Christophe Colomb découvrait une nouvelle terre.

L'ère moderne est donc ouverte par ces deux inventions : la boussole, le livre. C'est l'ère des machines qui commence.

Avant 1530, on filait à la main. On a calculé que, pour produire le filé de coton qui sort annuellement des métiers *self-acting* de l'Angleterre, il faudrait le travail de 91 millions d'hommes. A cette époque (1530), le rouet fut inventé.

Au siècle de Louis XIV, l'industrie avait déjà à son service un outillage important. Ce siècle se présente devant l'histoire avec un cortége imposant de génies dans les lettres, les arts et les sciences. Le génie, dans la science, c'est le progrès dans le commerce et l'industrie.

Les progrès des XVIIe et XVIIIe siècles amenèrent la période contemporaine caractérisée par la connaissance plus parfaite des agents naturels, l'utilisation de la matière sous toutes ses formes, la multiplication des machines motrices et des machines-outils.

Nous donnons ici un tableau de quelques-

unes des inventions modernes ayant le plus
servi au progrès commercial et industriel.

> 1681. PAPIN. — La vapeur,
> 1693. SAVERY. — Première machine à vapeur fonc-
> tionnant utilement.
> 1745. MARGRAFF. — Le sucre de betterave.
> 1767. HIGH. — La Jenny, machine à filer.
> 1769. WATT. — Machine à vapeur à basse pression.
> 1786. LEBON. — Éclairage au gaz, appliqué en France
> en 1817.
> 1787. ARTWRIGHT. — Le tissage mécanique.
> 1796. SENEFELDER. — La lithographie.
> 1803. FULTON. — Le bateau à vapeur.
> 1804. JACQUARD. — La machine à tisser.
> 1805. PORTHOUSE. — La peigneuse mécanique.
> 1810. GÉRARD. — La filature de lin à la mécanique.
> 1819. SENEFELDER. — La chromo-lithographie.
> 1820. AMPÈRE. — Le télégraphe électrique, perfec-
> tionné en 1837, par Wheatsone.
> 1822. FRESNEL. — Les phares lenticulaires.
> 1824. NIEPCE DE SAINT-VICTOR. — L'héliographie,
> perfectionnée par Daguerre, en 1837.
> 1828. SEGUIN. — La chaudière tubulaire.
> 1830 (15 septembre). — Inauguration du premier
> chemin de fer par Stephenson.
> 1833. — Les allumettes chimiques.
> 1834. TALBOT. — La photographie.
> 1837. JACOBI. — La galvanoplastie.

De même que nous avons dû renoncer à
faire l'histoire du progrès commercial, nous
ne pouvons penser à présenter le tableau com-

plet du *progrès de la législation commerciale.*

Nous devons cependant signaler, avant le Code de commer·· de 1808, l'édit rendu en 1563, sous Charles IX, dû au chancelier l'Hospital, et qui créa à Paris les juges de commerce, d'après les principes conservés par la législation actuelle : élection, réélection, gratuité.

Nous devons dire quelques mots des ordonnances de Louis XIV, rédigées sous l'inspiration du grand Colbert, et qui sont les sources auxquelles ont principalement puisé les rédacteurs du Code de commerce. Une première ordonnance, en 1673, réglementa le commerce de terre. On l'appela le *Code marchand,* et quelquefois l'*Ordonnance Savary,* du nom de l'un de ses auteurs. En 1681, parut la seconde ordonnance, sur la marine, qui fut également accueillie avec grande faveur.

Le *Code de commerce* qui nous régit actuellement est divisé en quatre livres et contient 648 articles. Le premier livre et les deux derniers tirent leur origine de l'ordonnance de 1673 ; le deuxième a pour principale source celle de 1681 et traite du commerce maritime.

Le Code de commerce fut voté dans le courant de l'année 1807, et la loi du 15 septembre de cette même année l'a déclaré exécutoire à partir du 1er janvier 1808.

Excellent pour l'époque de sa promulgation, le Code de commerce devint de plus en plus insuffisant à mesure que se développaient le commerce et l'industrie. Une ordonnance du 31 janvier 1841 a incorporé dans le Code même quelques lois, notamment celle du 28 mai 1838 sur les faillites et banqueroutes qui contient une refonte complète du livre III du Code. Depuis, beaucoup de lois nouvelles ont été rendues sur des matières de droit commercial. Mais il importe de définir ici ce qu'est le *droit commercial.* C'est l'ensemble des lois relatives au commerce, lois auxquelles les commerçants sont soumis et que par conséquent ils doivent particulièrement s'appliquer à connaître.

Le droit commercial actuel se compose de quatre éléments : 1° les lois anciennes qui traitent de matières sur lesquelles il n'a pas été statué par le Code de commerce ; 2° le Code de commerce de 1808 et les lois nouvelles relatives à des matières commerciales ; 3° les principes généraux du droit civil, à moins qu'il n'y soit dérogé par la loi commerciale; 4° les usages du commerce, dont quelques-uns ont été officiellement déclarés en 1866.

M. Bravard ramène toutes les dispositions du Code de commerce à leur raison d'être, et trouve que le législateur a voulu par des dérogations au droit ordinaire pourvoir aux trois grands besoins du commerce : le crédit, la célérité, la sécurité. En faveur du crédit, il a obligé le commerçant à tenir des livres, à publier le régime adopté dans son contrat de mariage; il a organisé les sociétés, la lettre de change, etc... En faveur de la célérité des opérations commerciales, il a constitué les bourses, le contrat de commission, le contrat de transport... En faveur de la sécurité, il a tourné son attention, par exemple, vers la matière si importante des faillites. Ces trois grands intérêts du commerce trouvent également leur satisfaction dans l'institution des tribunaux de commerce.

Auteur d'un ouvrage élémentaire de droit commercial, notre première préoccupation était le *choix d'une méthode*. Nous ne pouvions nous astreindre à suivre l'ordre des articles du Code. Nous voulions une méthode simple, claire, naturelle, nous permettan une certaine liberté d'allure, sans choquer toutefois les habitudes reçues et s'éloigner des programmes ayant cours. Nous pensons l'avoir trouvée, et c'est ce qui nous a poussé à tenter après tant d'autres l'œuvre si difficile de la vulgarisation de la science des lois; c'est ce qui nous a permis d'espérer un bienveillant accueil pour le résultat de nos efforts. Nous avons cherché le plan de l'ouvrage dans son titre même : LA VIE COMMERCIALE DANS SES RAPPORTS AVEC LA LOI.

Le commerçant naît à la vie commerciale en s'établissant, en faisant sa profession de se livrer à certains actes de commerce. Il doit savoir ce que c'est que des actes de commerce, l'intérêt qu'il y a à les distinguer des actes ordinaires ou de droit civil, l'intérêt qu'il y a également à distinguer le commerçant de celui qui ne l'est pas; il est soumis à la patente, il doit avoir des livres, il doit publier le régime adopté dans son contrat de mariage. En vue de son établissement commercial, il passe des actes de droit civil : achète, vend, loue, contracte des assurances; il aura peut-être des apprentis, etc. Nous trouvons là la matière de nombreux chapitres de cette première partie.

Une fois établi, le commerçant se met à trafiquer : il rencontre à la Bourse les autres commerçants, traite avec eux par l'intermédiaire d'un agent de change ou d'un courtier ; il peut encore, sans traiter lui-même, remettre ses intérêts entre les mains d'un mandataire qui porte le nom spécial de commissionnaire ; il fait transporter et reçoit des marchandises par terre ou par eau ; chaque jour, il accorde le crédit ou le demande pour lui-même, en créant, recevant des effets de commerce ; il en paie, il demande paiement à son tour, il est obligé de faire faire des protêts, etc.

La vie commerciale peut se compliquer : il y a la vie multiple, c'est-à-dire l'association ; aussi, nous devrons étudier l'importante matière des sociétés.

Puis, surviennent les crises, ce que l'on peut considérer comme les accidents de la vie commerciale, notamment les procès ; il faut étudier les juridictions commerciales, les questions de preuve et de procédure.

Enfin, le commerçant peut être malheureux dans ses opérations, négligent, imprudent, et même malhonnête. Il tombe en faillite, ce qui peut être considéré comme la mort commerciale. Quelquefois il échoue sur les bancs de la police correctionnelle ou de la cour d'assises, comme prévenu de banqueroute simple ou accusé de banqueroute frauduleuse.

Mais le failli peut arriver à une sorte de résurrection, il peut se faire réhabiliter.

Tel est le cadre dans lequel nous allons nous mouvoir. Nous laisserons de côté les matières de droit maritime; par contre, nous traiterons de divers sujets qui ne sont pas compris dans le Code de commerce. Notre but est avant tout de justifier notre titre, de donner des notions à la fois élémentaires et pratiques. Nous serons bien heureux s'il nous est donné de l'atteindre, si nous pouvons être utile.

I

LE COMMERÇANT S'ÉTABLIT

CHAPITRE PREMIER

ÉNUMÉRATION DES ACTES DE COMMERCE ET INTÉRÊT DE
LA DISTINCTION ENTRE LES ACTES QUI SONT COMMER-
CIAUX ET CEUX QUI NE LE SONT PAS.

Si je veux devenir commerçant, et si en
même temps je cherche dans la loi une définition de ce terme, je vois que *l'article 1er du
Code de commerce* est ainsi conçu : « *Sont commerçants ceux qui exercent des actes de commerce
et en font leur profession habituelle.* »

La première question à examiner est donc
celle-ci : *Quels sont les actes de commerce?* Si
nous voulons les définir d'une façon très-générale, nous dirons que les actes de commerce
ont pour but la spéculation. Les articles 632
et 633 du Code de commerce les énumèrent

Avant d'entrer dans les détails, remarquons qu'en dehors des actes qui sont commerciaux *parce qu'ils impliquent l'idée de spéculation,* de risques courus pour obtenir un gain, on peut distinguer deux autres classes d'actes de commerce : 1° les *actes nécessairement commerciaux,* parce que la loi les répute tels, sans que la preuve contraire puisse être faite, sans qu'il y ait à rechercher l'intention de celui dont ils émanent; tel est le cas d'une opération de change, banque ou courtage. Ainsi, toute personne qui met sa signature sur une lettre de change, quelle que soit sa profession, quel que soit son but, fait acte de commerce; 2° les *actes accessoirement commerciaux,* considérés comme tels, non pas à raison de leur nature même, mais à raison de la qualité de la personne qui les a faits et du but que cette personne se proposait. Il en est ainsi quand un négociant achète une voiture pour y mettre ses échantillons, quand un manufacturier achète des machines pour son usine, quand un voiturier traite avec un aubergiste pour la nourriture de ses chevaux, quand un distillateur achète des combustibles, etc.

Une personne souscrit un billet à ordre. Cet acte peut être accessoirement commercial, si la personne qui a souscrit le billet est un commerçant agissant en celte qualité. La loi présume la commercialité : *Art.* 638 : « *Les billets souscrits par un commerçant seront censés faits pour son commerce.* »

Lisons maintenant l'article 632 : « *La loi répute actes de commerce : — tout achat de denrées et marchandises pour les revendre, soit en nature, soit après les avoir travaillées et mises en œuvre, ou même pour en louer simplement l'usage ; — toute entreprise de manufactures, de commission, de transport par terre ou par eau ; — toute entreprise de fournitures, d'agence, bureaux d'affaires, établissements de vente à l'encan, de spectacles publics ; — toute opération de change, banque et courtage ; — toutes les opérations des banques publiques ; — toutes obligations entre négociants, marchands et banquiers ; — entre toutes personnes, les lettres de change, ou remises d'argent faites de place en place.* »

L'*achat pour revendre* constitue un acte de commerce. Ce point demande quelques explications. Il faut et il suffit que l'achat ait été fait *en vue de la revente*. Peu importe que la revente n'ait pas lieu, si l'intention de spéculer a existé ; que la revente ait lieu, peu importe encore, s'il n'y a pas eu primitivement intention de revendre. Un exemple fera mieux saisir cette idée. J'achète un sac de farine, parce que j'ai un four et que j'ai l'intention de faire du pain de ménage ; puis, j'abandonne cette idée et *je revends* le sac à un meunier ; je n'ai pas fait acte de commerce, parce que je n'ai jamais eu l'intention de spéculer. Mais le meunier, au lieu de revendre le sac que que je lui ai livré, le garde pour des usages domestiques, *ne revend pas;* il a cependan- fait acte de commerce. On dira qu'il est diffi- cile d'apprécier les intentions, mais on s'en est tenu à cetteidée bien simple : le commerçant est présumé avoir agi dans un but de spécula- tion, tandis que le non-commerçant est pré- sumé avoir fait un acte de droit commun ou de droit civil, c'est-à-dire un acte de la vie ordinaire, par opposision à celui qui est régi par le droit spécial, par le Code de commerce.

L'intention de spéculer peut n'exister que chez l'une des parties contractantes et l'acte n'est commercial qu'à l'égard de cette partie, d'un seul côté; ainsi, quand je vendais mon sac de farine, le meunier seul faisait acte de commerce ; ainsi encore, un boulanger qui achète une coupe de bois fait un acte de com- merce *unilatéral.*

Nous savons qu'il faut un but de spécula- tion ; il faut de plus que ce but de spéculation soit *principal.* Des exemples le feront comprendre. Un peintre achète des pinceaux et des couleurs pour faire un tableau ; un auteur, du papier et des plumes pour écrire; un propriétaire-vigneron, des tonneaux pour vendre son vin. Dans ce dernier cas, il est évident que le propriétaire achète des tonneaux, non pour les vendre, mais pour loger son vin. Aucune de ces personnes ne fait acte de commerce. Il en est encore de même de l'agriculteur qui se borne à appliquer les procédés de l'industrie aux produits de son fonds, par exemple, du propriétaire qui fait du sucre avec ses betteraves , du maître de pension qui achète des provisions pour la nourriture de ses élèves ; du médecin qui, dans les cas où la loi le lui permet, achète des médicaments pour ses malades.

L'article 638 *du Code de commerce* est ainsi conçu : « *Ne seront point de la compétence des tribunaux de commerce les actions intentées contre un propriétaire, cultivateur ou vigneron, pour vente de denrées provenant de son cru.....* »

La condition de l'achat ou acquisition à titre onéreux est donc indispensable. Celui qui vend les récoltes de son fonds, le produit de sa chasse, de sa pêche, ce qui lui vient par succession ou donation, ne fait pas acte de commerce.

On a jugé que les expressions employées par

la loi dans l'article 632, « denrées ou marchandises », ne peuvent s'appliquer qu'aux meubles et non aux immeubles. Si on admettait que les spéculations sur les immeubles constituent des actes commerciaux, il faudrait dire que celui qui achète une maison à Paris pour en tirer parti en la louant fait acte de commerce, ce qui n'est pas soutenable. Mais, bien entendu, celui qui achèterait une maison pour la démolir, des arbres pour les abattre, n'achèterait en réalité que des matériaux et du bois, c'est-à-dire des marchandises, et ferait un acte commercial.

Quant à l'artisan, à l'homme qui se contente de louer ses services, et ne fournit pas la matière qu'il travaille, par exemple un simple tailleur, qui n'est pas marchand d'étoffes, s'il achète des outils, il n'achète ni pour revendre ni pour louer, il n'agit qu'en qualité de consommateur. Un simple artisan ne peut être regardé comme un commerçant.

On peut se demander pourquoi la loi a visé particulièrement l'*entreprise de manufactures* ; ce cas semblait rentrer dans l'achat pour revendre. Il faut cependant remarquer que le manufacturier transforme tel ou tel genre de matières à l'aide d'ouvriers et de machines, et peut très-bien ne pas acheter les matières premières, ne spéculer que sur la main-d'œuvre, *travailler à façon.*

Quant aux établissements de vente à l'encan, leur importance a considérablement diminué, depuis la loi du 25 juin 1841 qui a interdit les ventes en détail de marchandises neuves à cri public. Cette loi contient quelques exceptions, notamment pour les ventes après décès, faillite ou cessation de commerce, pour les ventes de comestibles et objets de peu de valeur.

L'article 633 énumère les principales opérations de commerce maritime. Autrefois, les contestations qui y étaient relatives étaient de la compétence des *amirautés,* juridiction supprimée en 1791.

L'article 633 classe parmi les actes de commerce les assurances maritimes. En est-il de même des autres assurances ? L'assurance à primes est un acte de commerce pour l'assureur, et même pour l'assuré, s'il est commerçant et si l'assurance a été faite dans l'intérêt de son commerce. Mais il en est autrement pour les assurances mutuelles, le but de spéculation, la recherche d'un gain, d'un bénéfice n'existant pas.

Nous venons d'étudier les actes de commerce ; nous les avons définis, classés et énumérés, en citant de nombreux exemples. Il nous reste à voir l'intérêt de cette distinction entre les actes qui sont commerciaux et ceux qui ne le sont pas.

1re CONSÉQUENCE : **Compétence.** — Les tribunaux de commerce, aux termes de l'article 631, *connaissent des contestations relatives aux actes de commerce, entre toutes personnes.* Ainsi, bien que les parties ne soient pas des commerçants, s'il s'agit d'actes de commerce, le tribunal de commerce est compétent. C'est sa compétence *réelle*, déterminée par la nature même des faits qui lui sont soumis.

2e CONSÉQUENCE : **Preuve.** — La façon de prouver les faits allégués par les plaideurs devant les tribunaux est organisée par plusieurs articles du Code civil. Quand il s'agit d'actes de commerce, le système des preuves change ; il est bien simplifié, et organisé par l'article 109 du Code de commerce, article que nous étudierons à ce point de vue quand nous verrons ce que doit faire le commerçant qui a des procès.

3e CONSÉQUENCE : **Faux.** — Le Code pénal punit des travaux forcés le *faux en écriture de commerce* (art. 147 et 148), tandis que le faux en écriture privée est puni d'une peine inférieure, la réclusion (art. 150 et 151).

4e **Conséquence : Usages.** — En matière commerciale, les usages constants et reconnus tiennent lieu de conventions expresses entre les parties et ont en conséquence force de loi.

La loi du 13 juin 1866 a déclaré officiellement quelques-uns des usages reçus en matière de ventes commerciales. Le gouvernement a alors posé deux principes : « 1° qu'on ne rechercherait pas ce que chacun pourrait considérer comme le mieux au point de vue abstrait et logique, mais ce qui serait reconnu conforme à l'usage le plus général et aux données les mieux acceptées de l'expérience; que la loi aurait ainsi un caractère plus *déclaratif de la pratique actuelle* que constitutif d'un droit nouveau; 2° que l'uniformité, toutes les fois qu'il serait possible de l'établir, ne devrait préjudicier en rien à la liberté des conventions, et que les dispositions à intervenir auraient seulement pour objet de constituer un droit commun applicable *en l'absence de conventions contraires*, sans gêner par les entraves d'une règle obligatoire les stipulations des contractants. »

5e **Conséquence : Droits d'enregistrement.** — Les écrits constatant des actes de commerce peuvent être enregistrés provisoirement au droit fixe de 2 francs. La loi du 11 juin 1859 l'a ainsi décidé dans ses articles 22 et 23. D'après la loi de frimaire an VII, au contraire, les contrats commerciaux, comme les autres, étaient soumis à un droit proportionnel perçu avant toute production de l'acte, sous peine de double droit. On conçoit facilement les inconvénients de ce système. Un marché considérable peut donner lieu à un litige de peu d'importance; dans ce cas, on ne produirait pas l'acte. La loi nouvelle s'exprime ainsi : « Les droits proportionnels... seront perçus lorsqu'un jugement portant condamnation, liquidation, collocation ou reconnaissance, interviendra sur ces marchés et traités, ou qu'un acte public sera fait ou rédigé en conséquence; mais *seulement sur la partie du prix ou des sommes faisant l'objet soit de la condamnation*, liquidation, collocation ou reconnaissance, soit des dispositions de l'acte public. »

Pour *résumer* les conséquences de la nature commerciale d'un acte, supposons qu'un négociant achète un certain nombre de balles de laine. Si l'acte de vente est écrit, il peut être enregistré au droit fixe de 2 francs. A raison de cet acte, l'acheteur sera justiciable des tribunaux de commerce; on pourra employer contre lui toute espèce de preuves capables d'amener la conviction des magistrats. On appréciera le contrat et ses conditions d'après les usages du commerce. Enfin, pour être complet, si l'acheteur commet un faux à cette occasion, il pourra être condamné aux travaux forcés. Sauf la différence qu'il y a une disposition spéciale pour l'enregistrement des effets de commerce, les conséquences sont les mêmes pour quiconque appose sa signature sur une lettre de change, acte nécessairement commercial.

CHAPITRE II

QUI EST COMMERÇANT, ET QUEL EST L'INTÉRÊT DE LA DISTINCTION ENTRE CEUX QUI SONT COMMERÇANTS ET CEUX QUI NE LE SONT PAS.

Nous venons de voir que le commerçant est celui qui 1° fait des actes de commerce ; 2° en fait sa profession habituelle. Il n'est pas nécessaire que les actes de commerce soient notoires, portés à la connaissance de tous ; il suffit qu'ils soient habituels, et constituent une profession.

Celui qui fait des actes de commerce isolés se soumet, à raison de ces actes, à la compétence du tribunal de commerce. Il en est ainsi pour celui qui signe une lettre de change : il devient justiciable du tribunal de commerce ; il n'est pas commerçant, eût-il pris l'habitude de régler toutes ses affaires personnelles au moyen de lettres de change : ce n'est pas là une profession.

Toute personne peut, en principe, faire le commerce qui lui plaît. Telle est la règle : *c'est la liberté du commerce.* Cette règle comporte plusieurs exceptions.

1re CLASSE D'EXCEPTIONS : Incapacités. — **1° Incapacité absolue, complète.** — L'interdit judiciaire ou légal, c'est-à-dire celui qui a été privé de ses droits civils par une décision judiciaire, soit à cause du dérangement de ses facultés intellectuelles, soit par suite d'une condamnation pour crime, ne peut être commerçant.

2° Incapacité partielle. — Celui qui a un conseil judiciaire, c'est-à-dire qui ne peut s'obliger sans l'assistance d'une personne qui a été désignée par justice pour être son conseil, ne peut évidemment pas se livrer au commerce, mais peut, avec l'assistance dont il vient d'être parlé, faire des actes de commerce isolés.

3° Incapacités qui peuvent être levées à certaines conditions. — Le mineur, c'est-à-dire celui qui n'a pas atteint l'âge de vingt et un ans, et la femme mariée sont incapables d'être commerçants, mais ils peuvent être *habilités* à faire le commerce.

Voici à quelles conditions, pour le *mineur :* 1° l'âge de dix-huit ans ; 2° l'émancipation ; 3° une autorisation dûment publiée (art. 2 Co.).

Les mineurs sont *émancipés*, c'est-à-dire affranchis de la puissance paternelle ou de la tutelle, libres de gouverner et administrer leur personne et leurs biens, soit par le mariage, soit par une déclaration solennelle du père ou à son défaut de la mère, et du conseil de famille, s'il n'y a ni père ni mère.

Quant à l'*autorisation* spéciale de faire le commerce, elle doit être expresse et préalable à toute opération commerciale. Elle est ordinairement donnée par acte notarié. Elle doit, nous venons de le dire, être rendue publique. Cette publication se fait par l'enregistrement au greffe du tribunal de commerce du lieu où le mineur va s'établir, et l'affiche dans l'auditoire de ce tribunal. On comprend l'importance de cette publicité. Si le mineur est resté incapable, les engagements pris par lui pourront être déclarés nuls, tandis que les personnes qui auront traité avec lui seront tenues comme si elles l'avaient fait avec un capable.

Voilà le mineur habilité ; il est aussi capable qu'un majeur, *pour tout ce qui se rapporte à son commerce*, sauf qu'il ne peut *vendre* ses immeubles, sans remplir les formalités imposées à tout mineur par le Code civil.

Dans le doute sur le caractère de l'acte fait par un mineur commerçant, il faut présumer que l'acte est commercial ; c'est ce qui est décidé par la plupart des jurisconsultes et par la Cour de cassation.

Nous pensons aussi que l'autorisation de faire le commerce peut être retirée au mineur, mais à deux conditions : 1° qu'elle ne le soit pas arbitrairement ; 2° que le retrait d'autorisation reçoive la même publicité que l'autorisation elle-même.

Si l'émancipation était retirée, le mineur ne pourrait plus être commerçant.

La *femme mariée* peut devenir marchande, à la seule condition d'être autorisée par son mari (art. 4 Co.).

Si de plus la femme est mineure, elle doit remplir les conditions imposées au mineur.

Aucune forme n'est prescrite pour l'autorisation du mari. Elle peut être donnée par acte sous seing privé, en ces termes :

« Je soussigné (*nom, prénoms, profession et domicile*) autorise ma femme (*nom, prénoms*) à faire le commerce de..., qu'elle se propose d'exercer à...

« Fait à... le... »

Que la femme exerce le commerce sous ses yeux, cela peut même suffire. Mais il faut éviter une confusion contre laquelle nous prémunit l'article 5 : La femme *n'est pas réputée marchande publique, si elle ne fait que détailler les marchandises du commerce de son mari ; elle n'est réputée telle que lorsqu'elle fait un commerce séparé.*

Le commencement du même article nous apprend quelle est la capacité de la femme habilitée à faire le commerce : « La femme, si elle est marchande publique, peut, sans l'autorisation de son mari, s'obliger pour ce qui concerne son négoce, et audit cas elle oblige aussi son mari, s'il y a communauté entre eux. »

ART. 7. « Les femmes marchandes publiques peuvent également engager, aliéner et hypothéquer leurs immeubles. Toutefois leurs biens stipulés dotaux, quand elles sont mariées sous le régime dotal, ne peuvent être hypothéqués ni aliénés que dans les cas déterminés et avec les formes réglées par le Code civil. »

Quoique marchande publique, c'est-à-dire commerçante, la femme ne peut plaider sans l'autorisation spéciale de son mari (art. 215 C. civ.).

Voici une formule générale autorisant la femme à intenter un procès:

« Je soussigné (n. p. q. et d. du mari) autorise ma femme (n. p. q. et d. de la femme) à intenter contre le sieur... demeurant à... toutes demandes tendant à (indiquer l'objet du procès), à cet effet, citer et comparaître en conciliation, s'y concilier, si faire se peut, traiter, transiger, entamer toutes instances devant tel degré de juridiction qu'il appartiendra, constituer avocats et avoués, plaider, faire exécuter tous jugements ou en appeler et, s'il y a lieu, citer en requête civile ou en cassation; élire domicile, passer, signer tous actes ou procès-verbaux, donner tous pouvoirs, et généralement suivre toutes les phases de ce procès et faire tout ce qui dans son cours sera utile aux intérêts de ladite dame.

« Fait à..., le... »

Elle ne peut faire sans autorisation que des actes extrajudiciaires, tels que saisie-arrêt, protêt, etc.

2ᵉ CLASSE D'EXCEPTIONS: **Interdictions**. — 1° Interdictions générales. — Il importe de bien remarquer la différence qui existe entre l'incapacité et l'interdiction. L'acte fait par un incapable est nul ; l'acte fait par une personne à laquelle le commerce est interdit est parfaitement valable ; mais la personne qui l'a fait s'expose à des poursuites disciplinaires.

Le commerce est interdit : 1° aux ecclésiastiques, en vertu seulement des lois de l'Église ; 2° aux magistrats, avocats, avoués, notaires, huissiers, consuls, élèves consuls, chanceliers des consulats, officiers et administrateurs de la marine, agents de change et courtiers.

2° Interdictions relatives. — D'après les articles 175 et 176 du Code pénal, les fonctionnaires ne peuvent commercer à l'occasion des entreprises dont ils ont la direction ou des affaires dont ils doivent ordonnancer le paiement ; les commandants militaires, préfets et sous-préfets, pour les grains et boissons, dans l'étendue de la circonscription où ils ont autorité.

3° CLASSE D'EXCEPTIONS : Monopoles au profit de l'État ou de concessionnaires. — Postes, télégraphes, poudres, tabacs, allumettes, émission de billets de banque, chemins de fer.

Il nous reste à voir quelles sont les *conséquences de la qualité de commerçant.*

1re CONSÉQUENCE : Compétence. — Aux termes de l'article 631, les tribunaux de commerce connaissent « des contestations relatives aux engagements et transactions *entre négociants, marchands et banquiers*. » C'est la *compétence personnelle* du tribunal de commerce, c'est-à-dire celle qui est déterminée, dans certaines limites, par la qualité des justiciables. Nous l'étudierons plus tard avec détails.

2e CONSÉQUENCE : **Faillites et banqueroutes.** — Les commerçants seuls peuvent être déclarés en faillite. Quant à la banqueroute, elle suppose nécessairement la faillite.

3e CONSÉQUENCE : **Présomption de commercialité.** — Les obligations contractées par les commerçants sont présumées commerciales. Dans tout commerçant, il y a, pour ainsi dire, deux personnes réunies, au point de vue du droit : celle qui fait des actes de commerce, celle qui fait des actes étrangers au commerce. Mais c'est toujours la personnalité commerciale qui domine ; nous en voyons une preuve dans la présomption que nous venons d'énoncer, et que nous avons déjà eu l'occasion d'appliquer.

4e CONSÉQUENCE : **Droits d'élection et d'éligibilité.** — Les commerçants, sous certaines conditions que nous verrons plus tard, nomment eux-mêmes les juges de commerce et peuvent devenir juges. De même, ils peuvent nommer les membres des chambres de commerce et faire partie de ces assemblées.

5° CONSÉQUENCE : Obligation de publier le régime matrimonial (art. 65 à 70 Co.). — Cette publication fait connaître à tous quelles garanties de solvabilité offrent les époux, ce qui est très-important, surtout lorsque le régime adopté dans le contrat de mariage n'est pas celui de la communauté.

1er CAS : Le mari était commerçant avant son mariage. — Un extrait énonçant si les époux sont mariés en communauté, s'ils sont séparés de biens ou s'ils ont adopté le régime dotal, sera transmis, *dans le mois du contrat de mariage,* au greffe du tribunal civil et du tribunal de commerce, aux chambres des notaires et des avoués.

C'est le notaire qui a reçu le contrat de mariage qui est obligé par la loi de faire cette remise.

2e CAS : Le mari devient commerçant après son contrat de mariage. — Alors, il n'est obligé de publier le régime qu'il a adopté que si ce n'est pas celui de la communauté. Dans ce cas, il demande au notaire dépositaire de la minute l'extrait suivant :

« Du contrat de mariage du sieur... négociant

2.

à... et de la dame (*nom, prénoms*),' reçu par M°... notaire à... le...

« Il appert que les époux se sont mariés sous le régime dotal [ou sous le régime de la séparation de biens].

« Extrait par le notaire soussigné... »

S'il ne fait pas cette publication, il peut, au cas de faillite, être déclaré banqueroutier.

Les *demandes de séparation de biens* intentées par la femme peuvent avoir une influence considérable sur les garanties qu'offrait le mari à ses créanciers ; aussi, ces demandes sont soumises à la publicité.

La *séparation de corps* entraîne comme conséquence la séparation de biens. Le Code de commerce soumet à la publicité que nous avons vue pour l'extrait du contrat de mariage *tout jugement* qui prononce une séparation de corps entre mari et femme dont l'un est commerçant. Il doit de plus être lu en audience publique et affiché pendant un an dans l'auditoire du tribunal.

6° CONSÉQUENCE : **Livres de commerce.** — Les commerçants sont astreints à tenir des livres, et ces livres, à certaines conditions, font preuve en justice de ce qu'ils contiennent.

Voyons d'abord les exigences de la loi en cette matière, puis nous montrerons quels sont les principes généraux de la comptabilité commerciale.

Quant aux questions de preuve, nous les renverrons à la partie de cet ouvrage qui traite du contentieux commercial, des procès auxquels le commerçant est exposé.

ART. 8. — Tout commerçant est tenu d'avoir un livre-journal qui présente jour par jour ses dettes actives et passives, les opérations de son commerce, ses négociations, acceptations ou endossements d'effets, et généralement tout ce qu'il reçoit et paye, à quelque titre que ce soit ; et qui énonce, mois par mois, les sommes employées à la dépense de sa maison : le tout indépendamment des autres livres usités dans le commerce, mais qui ne sont pas indispensables. Il est tenu de mettre en liasse les lettres missives qu'il reçoit, et de copier sur un registre celles qu'il envoie.

ART. 9. — Il est tenu de faire, tous les ans, sous seing privé, un inventaire de ses effets mobiliers et immobiliers, et de ses dettes actives et passives, et de le copier, année par année, sur un registre spécial à ce destiné.

ART. 10. — Le livre-journal et le livre des inventaires seront parafés et visés une fois par année. Le livre de copies de lettres ne sera pas soumis à cette formalité. Tous seront tenus par ordre de dates, sans blancs, lacunes ni transports en marge.

Art. 11. — Les livres, dont la tenue est ordonnée par les articles 8 et 9 ci-dessus, seront cotés, parafés et visés soit par un des juges du tribunal de commerce, soit par le maire ou un adjoint, dans la forme ordinaire et sans frais. Les commerçants seront tenus de conserver ces livres *pendant dix ans.*

Ainsi, trois livres sont *obligatoires :* le livre-journal, le livre des inventaires, le livre copies de lettres. Les autres : grand-livre, livre de caisse, etc., ne sont que facultatifs.

CHAPITRE III

NOTIONS GÉNÉRALES DE COMPTABILITÉ COMMERCIALE.

Je m'établis commerçant, je dois en même temps organiser ma comptabilité. Tiendrai-je mes livres en partie simple ou en partie double? Si je veux les tenir *en partie simple*, je me contenterai d'inscrire jour par jour mes recettes et mes dépenses au livre-journal. Quant au grand-livre, il contiendra divers comptes où seront reportées seulement les opérations qui n'auront pas été faites au comptant.

Mais je préférerai sans doute la *partie double*, parce que les écritures se contrôlent les unes par les autres, qu'on retrouve très-facilement la moindre erreur, et que j'aurai de cette façon une vue d'ensemble sur l'état de mes affaires, beaucoup mieux qu'avec la partie simple.

Je créerai, outre les comptes particuliers ouverts à mes correspondants, *six comptes généraux :* Capital. — Caisse. — Marchandises. — Effets à payer. — Effets à recevoir. — Profits et pertes.

Je personnifierai chacun de ces comptes et je le traiterai comme un étranger auquel j'aurais affaire. Du reste, voici le principe général en matière de partie double : *tout compte qui reçoit doit à celui qui fournit.*

La page et les colonnes de gauche portent en tête le mot *doit ;* on y inscrit tout ce que reçoit le compte, on le *débite ;* c'est la colonne du doit ou du débit. La page et les colonnes de droite portent en tête le mot *avoir ;* on y inscrit tout ce que fournit le compte, on le *crédite ;* c'est la colonne de l'avoir ou du crédit.

Pour le compte de *profits et pertes*, les pertes sont portées au *doit* et les profits à l'avoir. Pour toute opération que je ferai, j'inscrirai au livre-journal : *tel compte à tel compte,*

et au grand-livre je reporterai la même opération au *doit* du compte qui reçoit et à l'*avoir*
du compte qui fournit.

Comment ferai-je la preuve de mes écritures? J'additionnerai les sommes portées au
journal, les colonnes de l'*avoir* au grand-livre,
celles du *doit*, et ces trois chiffres devront être
égaux.

Mais prenons quelques opérations une à une.

J'entre dans les affaires avec un capital de
40,000 fr. que je verse dans ma caisse. Comme
celle-ci est personnifiée ainsi que le capital,
lle doit à ce dernier, j'inscris donc :

Caisse à Capital.................... 40,000 »

Ma première opération est un achat de
4,000 fr. de marchandises à Duval, de Paris.
L'affaire se fait au comptant, c'est-à-dire que
je verse immédiatement 4,000 fr. en espèces :

Marchandises générales à Caisse... 4,000 »

J'achète encore pour 4,000 fr. de marchandises à Leroy, de Lille. Je ne paye plus immédiatement, mais quelques jours plus tard;
j'inscris à chaque date :

Marchandises générales à Leroy... 4,000 »
Leroy à Caisse.................... 4,000 »

J'achète au même pour 2,000 fr. de marchandises et je conviens que je payerai dans trois mois; je remets à Leroy un billet ainsi conçu :

B. P. F. 2,000. — « Le 15 mars prochain, je payerai à Leroy ou *à son ordre* deux mille francs, valeur reçue en marchandises.

, Amiens, le 15 décembre.... »

Marchandises générales à Effets à
    payer........................	2,000	»

Et le 15 mars :

Effets à payer à Caisse..............	2,00.)	»

Je vends pour 12,000 fr. de marchandises à Bernard, de Reims, qui me règle en me remettant un billet à ordre de pareille somme :

Effets à recevoir à Marchandises gé-
    nérales.........................	12,000	»

Cette opération m'a fait gagner 2,000 fr.

Marchandises|générales à Profits et
    pertes...	2,000	»

J'achète pour 15,000 fr. de marchandises à Duval; je lui donne 3,000 fr. en espèces, et je lui endosse l'effet de 12,000 fr. que m'a remis Bernard.

Marchandises générales à Divers :
       Caisse................	3,000	»
       Effets à recevoir......	12,000	»

Si je n'avais pas fait cet achat, j'aurais pu garder le billet jusqu'au jour de l'échéance; j'en aurais reçu le montant :

Caisse à Effets à recevoir.......... 12,000 »

J'aurais pu aussi escompter le billet et pour cela je l'aurais endossé à un banquier qui m'en aurait versé le montant, moins une certaine somme qu'il aurait retenue pour escompte et commission, soit 100 fr.

Divers à Effets à recevoir :
    Caisse. .... 11,000 »
    Pertes............... 100 »

Quant à mes dépenses personnelles, je les inscris tous les mois aux Pertes, soit. 400 fr.

Si je veux faire mon *inventaire*, je trouverai à l'*actif* : Marchandises en magasin (15,000); montant de la Caisse (26,600) ; au total : 41,600; et au *passif* : Capital (40,000). Il existe une différence de 1600; c'est le *bénéfice net* que j'ai fait sur mes reventes. *J'ajoute cette somme au passif* pour faire la *balance*.

Si j'avais fait des opérations plus nombreuses, l'actif et le passif auraient compris d'autres éléments. J'aurais personnifié le *bilan*, c'est-à-dire la balance de l'actif et du passif. L'actif est son *doit*; il comprend : 1° les marchandises, les meubles, les immeubles, les actions, les rentes; 2° le montant de la caisse; 3° le montant des effets à recevoir ; 4° le doit des comptes particuliers. Le passif est son *avoir ;* il comprend : 1° le montant des effets à payer; 2° l'avoir des comptes particuliers.

Je suppose l'actif de 200,000 fr., le passif de 140,000 fr. J'ajoute à l'avoir du bilan, la différence 60,000 fr., qui est en réalité l'actif net, comprenant : le capital, par exemple 40,000 fr., et les bénéfices, 20,000 fr.

CHAPITRE IV

DE LA PROPRIÉTÉ INDUSTRIELLE.

Le commerçant peut avoir à faire respecter, ou à respecter lui-même chez les autres une propriété d'un genre spécial, la propriété industrielle, c'est-à-dire le droit de se servir, à l'exclusion de tous autres, à certaines conditions et pour un temps souvent limité, d'un dessin, d'une marque, d'une invention, d'un nom, d'une désignation spéciale... Nous allons parcourir brièvement ces différents cas.

Dessins de fabrique. — Pour conserver le droit d'exploiter d'une façon exclusive un dessin nouveau que l'on a créé, il faut, d'après la loi du 18 mars 1806, en déposer un échantillon au secrétariat du conseil des prud'hommes, ou bien, s'il n'existe pas de prud'hommes, au greffe du tribunal de commerce. L'inventeur fixe lui-même le temps pendant lequel il veut conserver la propriété exclusive du dessin : un, trois ou cinq ans, ou à perpétuité.

On s'attend à une loi nouvelle sur cette matière des dessins et modèles de fabrique.

Marques de fabrique et de commerce. — Chacun a le droit d'apposer sur les produits de son commerce ou de son industrie une marque particulière. Cette marque est une propriété qui peut avoir une grande valeur. Son dépôt au greffe du tribunal de commerce permet de poursuivre les contrefacteurs devant les tribunaux. Le dépôt n'a d'effet que pour quinze ans, mais peut être renouvelé.

La *contrefaçon* est un délit qui conduit ses auteurs en police correctionnelle. Mais l'action tendant simplement à des dommages-intérêts peut être portée devant le tribunal civil par celui qui se plaint de l'usurpation de sa marque.

Nous renvoyons pour les détails à la loi du 23 juin 1857.

Brevets d'invention. — Les auteurs d'inventions appliquées à l'industrie peuvent obtenir du gouvernement un titre appelé *brevet*. On obtient aussi, à certaines conditions nécessaires pour sauvegarder les droits de l'inventeur primitif, des brevets de *perfectionnement*.

Cette matière est régie par la loi du 5 juillet 1844.

La durée des brevets est de cinq, dix ou quinze ans. Pendant ce temps, qu'il fixe lui-même en prenant son brevet, l'inventeur conserve la propriété exclusive de sa découverte. Le brevet donne lieu à une taxe annuelle de cent francs.

Les brevets sont soumis à une certaine *publicité*, nécessaire pour que les droits des inventeurs puissent être respectés par ceux qui après eux arriveraient aux mêmes résultats. Chacun peut avoir Communication au ministère de l'Agriculture et du Commerce des modèles et descriptions déposés par les brevetés.

Les brevetés encourent des *déchéances*, notamment lorsqu'ils n'ont pas mis l'invention en exploitation en France dans le délai de deux ans ou qu'ils ont été deux ans sans l'exploiter, à moins qu'ils ne donnent de justes motifs de cette inaction.

Les brevetés sont obligés d'ajouter à leurs annonces, circulaires, enseignes…, les mots : *sans garantie du gouvernement,* souvent remplacés par les initiales S.G.D.G.

Noms. — Une loi du 28 juillet 1824 protége contre toute usurpation les noms des fabricants et même ceux des villes de fabrique. Cette loi ne réprime que l'apposition frauduleuse du nom *sur les produits.* Pour les autres cas, de même que pour ceux qui vont suivre, il n'y a lieu pour celui dont les droits sont méconnus qu'à une action en indemnité et en interdiction des procédés frauduleux.

L'article 9 de la loi du 26 novembre 1873, relative à l'établissement d'un timbre ou signe spécial destiné à être apposé sur les marques commerciales ou de fabrique (sur la réquisition des fabricants), est ainsi conçu : « Les dispositions des autres lois en vigueur, touchant le nom commercial, les marques, dessins ou modèles de fabrique, seront appliquées *au profit des étrangers,* si dans leurs pays la législation ou des traités internationaux assurent aux Français la même garantie. »

Enseignes. — Tout le monde sait ce que c'est qu'une enseigne. Elle n'est pas toujours, quoi qu'en dise un auteur estimable, un signe infaillible auquel on reconnaît un commerçant. En effet, un simple artisan a souvent une enseigne et nous savons qu'il n'est pas commerçant.

L'enseigne est une propriété pour celui qui, le premier, l'a adoptée.

Désignation spéciale. — Toutes les indications particulières qui servent à désigner un produit sont protégées contre toute usurpation, lorsqu'elles constituent une proprieté industrielle, c'est-à-dire lorsque la désignation est réellement propre au fabricant, et non pas générique, tombée dans le domaine public, dans l'usage commun. Les tribunaux n'hésitent pas à considérer comme acte de concurrence déloyale toute imitation de la part d'un négociant ayant pour but d'amener une confusion préjudiciable pour un concurrent.

Fonds de commerce. — Souvent, pour s'établir, on achète un fonds de commerce. Cette acquisition comprend : 1° l'achalandage ou clientèle, le nom, l'enseigne ; 2° les marchandises et ustensiles ; 3° le droit au bail et autres droits nécessaires ou simplement utiles à l'exploitation ; 4° les créances et recouvrements. Il est bien entendu que ces éléments peuvent être séparés, au gré des parties contractantes. En principe, et par le fait même de la vente, le vendeur s'interdit de faire un commerce pouvant nuire à son acquéreur. Celui-ci, outre les avis donnés à la clientèle, fait le plus souvent annoncer dans les journaux judiciaires la vente qui vient d'avoir lieu, dans le but de mettre en demeure les créanciers du vendeur qui pourraient attaquer cette vente ou faire opposition sur le prix.

La transmission des fonds de commerce n'est soumise à aucune formalité particulière. Voici une formule d'acte sous seing privé contenant vente d'un fonds de commerce :

« Entre les soussignés, M... (n. p. q. et d.), d'une part, et M... (n. p. q. et d.), d'autre part, a été convenu et arrêté ce qui suit : M... vend par ces présentes à M..., qui accepte : le fonds de commerce de... qu'il exploite à... rue... n°..., l'achalandage qui y est attaché et les ustensiles, marchandises, comptoirs et meubles servant à son exploitation, lesquels seront détaillés en un état descriptif et estimatif, à la suite des présentes, lequel état sera certifié sincère et signé par les parties.

« Tel que ledit fonds se comporte, sans réserve de la part du vendeur et sans qu'il soit besoin d'autre désignation, l'acquéreur déclarant le bien connaître.

« M... en disposera, en toute propriété et jouissance, à compter de ce jour.

Cette vente est faite à la charge par l'acquéreur, qui s'y oblige, de payer en l'acquit du vendeur la patente qui lui a été délivrée pour la présente

année, et de supporter en ses lieu et place les charges de ville et de police dont il serait tenu.

« En outre, cette vente est faite moyennant....
que M... reconnaît avoir reçus à l'instant en espèces métalliques ayant cours : dont quittance. (S'il
y a lieu à bail ou transport de bail, on l'insère ici.)

« Les frais des présentes seront supportés par
l'acquéreur.

« Pour leur exécution, les parties élisent domicile
en leurs demeures respectives.

« Fait double entre les soussignés, à... le... »

CHAPITRE V

DE LA PATENTE.

C'est une des quatre *contributions directes*.
Cet impôt, qui atteint spécialement le commerce et l'industrie, quoique les médecins,
les avocats, les avoués y soient aussi soumis,
a été créé par la loi du 2 mars 1791 ; il est réglé actuellement par plusieurs lois, notamment par celles du 25 avril 1844 et du 29 mars
1872. Il se compose d'un droit fixe et d'un
droit proportionnel. Ce dernier est établi d'a-
près la valeur locative.

Ceux qui se croient en droit de demander

une *décharge* ou une *réduction* ou qui voudraient obtenir une *remise* ou une *modération* doivent adresser leur demande au sous-préfet dans les trois mois de l'émission des rôles. S'il s'agit d'une décharge ou d'une réduction, c'est-à-dire d'un droit réclamé par le contribuable, c'est le conseil de préfecture qui est saisi de l'affaire en première instance, et le conseil d'État, en appel. Pour le cas de remise ou de modération, la décision appartient au préfet, en premier ressort, puis au ministre des finances.

CHAPITRE VI

DES ASSURANCES.

Les *principes généraux*, en matière d'assurances, se trouvent dans le Code de commerce, au titre X du livre II, lequel titre traite des assurances maritimes.

L'assurance est un contrat par lequel l'*assureur* s'oblige, moyennant une somme convenue (*prime*), à rembourser à l'*assuré* les pertes totales ou partielles (sinistres) qu'il éprouve par suite d'un accident possible que les parties ont en vue.

Il existe des *assurances* contre les fortunes de mer, contre l'incendie, la grêle, les accidents de voiture, le bris de glaces, les faillites, la mortalité des bestiaux, etc... Nous allons aussi parler des assurances sur la vie humaine.

Chaque partie court un *risque*, des chances de gain ou de perte : l'assuré risque de perdre ses primes ; l'assureur, le montant de l'assurance ; tout dépend d'un événement incertain, le sinistre ; c'est ce qu'on appelle un *contrat aléatoire*.

L'assurance est rédigée par écrit, et cet écrit s'appelle *police*. La plupart du temps, pour ne pas dire toujours, la police est rédigée à l'avance, imprimée par les soins de la compagnie d'assurances, et l'on ne peut que recommander à l'assuré de bien lire les termes de la police et de s'en bien pénétrer, avant d'y apposer sa signature, afin de bien savoir à quelles conditions il peut se trouver soumis.

Nous avons parlé de l'assurance à primes. Il existe aussi des compagnies d'*assurances mutuelles*, lesquelles comptent assez d'adhérents pour que la perte éprouvée par l'un des associés puisse être couverte par les autres, en n'imposant qu'une perte minime à chacun des associés.

Les assurances *contre l'incendie* sont les plus

3.

répandues. Dans les villes surtout, la plupart des maisons sont assurées. Il faut, en effet, être bien imprudent pour ne pas éviter les chances d'une perte considérable, au moyen d'une dépense annuelle presque insigniﬁante. On assure en même temps les *risques locatifs*, c'est-à-dire l'obligation où peut se trouver un locataire de payer une indemnité au propriétaire et aux voisins pour réparer le préjudice causé par l'incendie qui se serait déclaré dans les lieux loués. En général, les compagnies n'assurent pas contre les incendies provenant de faits de guerre, de révolution, des tremblements de terre, etc..., mais elles assurent contre les suites de la foudre.

L'assurance ne peut jamais être une cause de bénéﬁce pour l'assuré. Des condamnations en cour d'assises montrent que c'est faire un bien mauvais calcul en même temps que commettre un crime, que de mettre le feu à sa maison après l'avoir fait assurer pour une somme supérieure à sa valeur.

Les *assurances sur la vie* sont fondées sur l'idée d'épargne. Voici l'exemple le plus frappant. Un négociant dont la fortune n'est pas bien considérable réussit à faire chaque année de beaux bénéﬁces ; il a une ﬁlle, qu'il faudra marier vers l'âge de vingt ans, et que, pour marier convenablement, il faudra probablement doter. Ce négociant fera assurer sa fille pour le chiffre qu'il estime nécessaire à sa dot et payable lorsque sa fille aura vingt ans. Pour cela il n'aura peut-être à verser que le quart ou le cinquième de la dot, somme qu'il prélèvera chaque année sur ses économies. Par contre, il perdrait les sommes versées annuellement, si sa fille venait à décéder avant l'âge de vingt ans.

L'assurance sur la vie devient également un instrument de crédit. Un prêteur peut avoir une grande confiance dans le caractère et les aptitudes d'un jeune homme qui s'établit, sans vouloir courir les risques du décès prématuré de son emprunteur. Celui-ci fait disparaître cet obstacle en s'assurant sur la vie.

D'après l'art. 1121 C. c., l'assuré peut stipuler que l'assureur paiera le montant de l'assurance à une tierce personne désignée. Le bénéfice peut également être à ordre; il peut être donné en garantie, en paiement. S'il est stipulé payable à un tiers, celui-ci en est le véritable propriétaire, dès qu'il a accepté.

Enfin, l'assurance peut procurer à celui qui n'a pas de famille et qui n'a pas un grand patrimoine, des revenus élevés qui lui permet.

tent de subvenir à toutes les nécessités de la vieillesse.

Comme on le voit, les contrats d'assurances se prêtent à une grande variété de combinaisons. On distingue les assurances en cas de mort, les assurances en cas de vie et les assurances mixtes. Nous ne pouvons entrer dans les détails; disons seulement que l'assurance en cas de mort convient à toute personne dont le décès prématuré serait une cause de gêne pour les siens; elle convient au mari qui veut mettre la restitution de la dot qu'il a reçue de sa femme à l'abri de toute éventualité, ou qui, au moyen d'une assurance sur la tête de sa femme, veut prévenir la gêne à laquelle il serait lui-même réduit par l'obligation de faire cette restitution.

Un nouveau contrat d'assurance peut se greffer sur le premier : c'est la *réassurance*. L'assureur peut transmettre ses risques à un autre ; l'assuré peut faire assurer le coût de l'assurance, c'est-à-dire le risque qu'il court de perdre ses primes.

CHAPITRE VII

DE L'APPRENTISSAGE.

Cette matière est régie par la loi du 22 février 1851, dont nous allons voir les principales dispositions.

Définition. — Le contrat d'apprentissage est celui par lequel un fabricant, un chef d'atelier ou un ouvrier s'oblige à enseigner la pratique de sa profession à une autre personne, qui s'oblige, en retour, à travailler pour lui; le tout à certaines conditions et pendant un temps convenu.

Forme du contrat. — Le contrat d'apprentissage peut être verbal. Il peut être fait par acte public ou par acte sous seing privé. Les notaires, les secrétaires des conseils de prud'hommes et les greffiers de justice de paix peuvent recevoir l'acte d'apprentissage. Cet acte est soumis pour l'enregistrement au droit fixe de un franc. Les honoraires dus aux officiers publics sont fixés à deux francs.

Voici une formule d'acte de ce genre :

« Par devant M°..., notaire... ont comparu :
M... (n. p. q. et d.) d'une part;

M... (n. p. q. et d.), agissant au nom du sieur (n. p. q. et d.), son fils mineur, âgé de...., d'autre part ;

Lesquels sont convenus de ce qui suit :

ART. 1. — Le sieur... s'oblige pendant... années consécutives, qui commenceront à courir le.... : 1° à enseigner progressivement et complétement au mineur... son métier de... et à lui donner tous les moyens de devenir un bon ouvrier ; 2° à se conduire envers son apprenti en bon père de famille, à surveiller sa conduite et ses mœurs, soit dans la maison, soit au dehors, et à prévenir ses parents des fautes qu'il pourrait commettre ou des penchants vicieux qu'il pourrait manifester ; 3° à ne l'employer qu'aux travaux et services qui se rattachent au métier de... et dans les limites de ses forces ; 4° à ne pas le faire travailler plus de six heures par jour, jusqu'à ce qu'il ait accompli sa quatorzième année, et plus de douze heures de sa quatorzième à sa seizième année ; 5° à ne l'employer à aucun travail de nuit ; 6° à lui laisser deux heures de liberté par jour, ainsi que tous les dimanches et jours fériés, pour son éducation et l'accomplissement de ses devoirs religieux ; 7° enfin à lui fournir la nourriture et le logement dans sa maison d'une manière saine et convenable.

ART. 2. — Le sieur... père oblige son fils à se conduire envers le sieur..., son maître, avec fidélité, obéissance et respect, et à l'aider par son travail dans la mesure de son aptitude et de ses forces.

ART. 3. — Dans le cas où le mineur... viendrait à faire, pendant le cours de son apprentissage, une absence ou une maladie dont la durée excéderait quinze jours, il sera tenu, à la fin de l'apprentissage, de remplacer le temps ainsi écoulé.

Art. 4. — En considération des engagements pris par M... envers son apprenti, M... père s'est obligé à lui payer en bonnes espèces, dans un an de ce jour, la somme de..., sans intérêts.

Art. 5. — Chacune des parties aura un délai de deux mois, à partir du jour où commencera l'exécution des présentes, pour demander la nullité du contrat, sans être tenue à aucune indemnité. Ce délai expiré, elles rentreront dans le droit commun. Dont acte, etc... »

On peut comparer les obligations ainsi imposées au maître de l'apprenti à celles du manufacturier qui emploie des enfants, réglées par la *loi du* 19 *mai* 1874. Les dispositions de cette loi et les décrets qui la complètent doivent être *affichés* dans l'usine ou manufacture où l'on emploie des enfants et des filles mineures.

Moyens de faire respecter la loi. — Les questions d'exécution et de résolution du contrat d'apprentissage sont de la *compétence* du conseil des prud'hommes, ou, à son défaut, du juge de paix. Les *contraventions* à la loi du 22 février 1851 sont punies de peines de simple police. Des circonstances atténuantes peuvent être admises en faveur du contrevenant (art. 20 et 21 de la loi).

CHAPITRE VIII

NOTIONS DE DROIT CIVIL.

Nous avons déjà employé beaucoup de termes de droit, les uns en les accompagnant d'une définition, les autres en les supposant suffisamment connus du lecteur. Avant d'aller plus loin, et sans vouloir donner des notions élémentaires et pratiques sur le Code civil tout entier, ce qui pourra fournir la matière d'un autre ouvrage, nous croyons devoir présenter avec le plus de précision possible, les éléments de droit civil qu'un commerçant qui s'établit a le plus grand besoin de connaître.

SECTION I

Des obligations et de leurs sources.

Nous sommes obligés envers quelqu'un, lorsqu'il a le droit de nous contraindre à payer une somme, à livrer un objet, à faire ou à ne pas faire quelque chose.

Les sources de nos obligations sont, en général, les engagements que nous avons contractés envers les tiers. Mais certaines obligations dérivent directement de la loi ; d'autres naissent de notre fait, sans qu'il y ait ou *contrat* ou convention.

Au point de vue purement civil, on appelle *délit* le fait dommageable commis avec intention, *quasi-délit*, le fait qui, sans être intentionnel, préjudicie à autrui. Il y a encore le *quasi-contrat* : c'est un fait volontaire qui oblige son auteur envers une autre personne et quelquefois en même temps cette autre personne envers lui. Le quasi-contrat diffère du délit civil en ce qu'il dérive d'un fait licite, permis.

Ces définitions ont besoin d'être éclairées par des exemples. Quelqu'un usurpe l'enseigne d'un concurrent, il commet un *délit civil*, qui le rend passible de dommages-intérêts envers la victime de cette usurpation. S'il se rendait coupable de contre-façon, il commettrait un délit et pourrait être poursuivi en police correctionnelle.

Quelqu'un, voyant qu'un effet de commerce va être protesté, intervient et paie ; il fait l'affaire de l'intéressé et l'oblige au remboursement, par suite de ce *quasi-contrat* qu'on appelle, en général, gestion d'affaires, et pour le cas particulier qui nous occupe : paiement par intervention. C'est également en vertu d'un quasi-contrat qu'on est obligé de rembourser ce qu'on a reçu sans qu'on fût véritablement créancier.

Revenons aux *quasi-délits*. Les articles 1382 et suivants du Code civil posent les principes généraux : « Art. 1382. Tout fait quelconque de d'homme qui cause à autrui un dommage oblige celui par la faute duquel il est arrivé à le réparer. — Art. 1383. Chacun est responsable du dommage qu'il a causé non-seulement par son fait, mais encore par sa négligence ou par son imprudence. — Art. 1384. On est responsable non-seulement du dommage que l'on cause par son propre fait, mais encore de celui qui est causé par le fait des personnes dont on doit répondre, ou des choses que l'on a sous sa garde... »

Le maître d'un bateau ordonne une manœuvre imprudente et cause un abordage ; un homme à son service renverse un enfant et le blesse ; son cheval attaque un autre animal et le tue, autant de faits qui rendent le maître responsable.

SECTION II

Des contrats et de leurs conditions essentielles.

Les conventions légalement formées *tien-*

nent *lieu de loi* à ceux qui les ont faites (art.
1134 C. c.).

Pour contracter valablement, il faut :

1° Donner un *consentement* libre, qui ne résulte
pas d'une erreur, qui ne soit pas arraché par
la violence ou déterminé par des manœuvres
frauduleuses et dolosives.

2° Être *capable* de contracter, de s'obliger.
— Nous avons vu plus haut quels étaient les
incapables ; à quelles conditions les mineurs,
les femmes mariées devenaient capables relativement aux choses de leur commerce.

3° Avoir en vue un *objet certain*, qui forme
la matière de l'engagement. — Je vends ma
maison. L'objet de mon obligation, c'est de livrer cette maison, objet certain, déterminé.

Les choses futures elles-mêmes peuvent être
l'objet d'une obligation : je puis vendre le sucre de ma prochaine fabrication ; c'est un *marché à livrer*.

4° Avoir en vue une *cause licite*. — On appelle cause le but immédiat qu'on se propose
en s'obligeant. Ainsi, quand je vends ma maison, le but immédiat que je me propose est
de toucher une certaine somme d'argent, le
prix.

. La loi déclare de nul effet l'obligation sans
cause ou sur fausse cause (art. 1131 C. c.).

Si la cause est illicite, l'obligation est également nulle, et la cause est illicite quand elle est prohibée par la loi, contraire aux bonnes mœurs ou à l'ordre public. Quelqu'un a reçu une somme d'argent pour commettre un assassinat; il n'est évidemment pas obligé de remplir son engagement; il n'est obligé qu'à une chose: rendre l'argent, parce que cet argent ne peut lui être dû.

Celui qui s'oblige s'appelle le *débiteur*; celui envers lequel on s'oblige, le *créancier*. On peut être en même temps débiteur et créancier. Pour suivre l'exemple de la vente de ma maison, je suis débiteur de la maison et créancier de son prix.

SECTION III

De la sanction des obligations.

Sanction générale. — Quiconque s'est obligé personnellement est tenu de remplir ses engagements sur tous ses biens mobiliers et immobiliers, présents et à venir. — Les biens du débiteur sont le gage commun de ses créanciers, et le prix s'en distribue entre eux par contribution, à moins qu'il n'y ait entre les créanciers des causes légitimes de préférence (art. 2092 et 2093).

Le créancier n'a plus d'action sur la personne même de son débiteur depuis l'abolition de la contrainte par corps (L. 22 juillet 1867).

Quelles sont les causes légitimes de préférence dont parle la loi? — Les priviléges et les hypothèques.

Les créanciers qui ne sont ni privilégiés ni hypothécaires s'appellent *chirographaires*. Lorsqu'on arrive à la liquidation des biens de leur débiteur et que le prix de ces biens ne suffit pas à les rembourser, ils se le partagent proportionnellement à leurs créances, au marc ou au centime le franc. Supposons un failli qui doit à trois créanciers chirographaires: à Pierre, 20,000 fr., à Paul, 50,000 fr., à Jacques, 30,000 fr., et un actif net de la faillite de 20,000 fr. Les créanciers recevront 20 p. 100 de leurs créances : Pierre, 4,000 fr., Paul, 10,000 fr., Jacques, 6,000 fr. Si Pierre était privilégié ou pourvu d'une hypothèque, il absorberait tout l'actif et les chirographaires n'auraient aucun dividende.

Des priviléges. — Les priviléges et l'ordre à établir entre eux sont inscrits dans la loi. Le privilége est un droit que la *qualité de la créance* donne au créancier d'être préféré à tous autres, même aux créanciers hypothécaires. Le bailleur est privilégié pour le loyer sur les meubles qui garnissent les lieux loués. Pour prendre un exemple dans le Code de commerce, les commis du failli sont privilégiés pour leur salaire des six mois qui ont précédé la déclaration de la faillite.

Les hypothèques. — L'hypothèque peut aussi être accordée par la loi (l'*hypothèque légale* de la femme sur les biens de son mari, du mineur sur les biens de son tuteur, de la masse des créanciers représentée par les syndics sur les biens du failli....); elle peut résulter des jugements et actes judiciaires, et elle s'appelle alors *hypothèque judiciaire*. Mais généralement elle vient d'une convention en vertu de laquelle des immeubles en toute propriété ou en usufruit sont affectés à la sûreté d'une obligation principale; ainsi l'hypothèque est consentie par un emprunteur au profit de son prêteur, pour lui garantir le remboursement de la somme prêtée.

L'hypothèque conventionnelle ne peut résulter que d'un *acte authentique* passé devant deux notaires ou un notaire et deux témoins (art. 2127 C. c.).

Le *rang des hypothèques* entre elles est déterminé par l'*inscription* qui est prise par le créancier au bureau du conservateur des hypothèques dans l'arrondissement duquel sont situés les biens soumis à l'hypothèque.

Les créanciers hypothécaires ont un *droit de suite* sur tout l'immeuble et ses améliorations, et sur chacune de ses parties, en quelques mains que l'immeuble passe. Si le débiteur, par exemple, le vend, l'acquéreur est tenu de la dette en sa qualité de possesseur, de tiers détenteur de l'immeuble, et s'il veut se décharger de cette obligation, *purger* son immeuble de la charge qui lui est imposée, il doit notifier son contrat d'acquisition aux créanciers et suivant certaines formalités, afin que les créanciers dûment avertis puissent, s'ils le jugent convenable, requérir la mise de l'immeuble aux enchères publiques.

Supposons que le propriétaire d'une maison ait emprunté successivement de Pierre 20,000 fr., de Paul 50,000 fr., de Jacques 30,000 fr., avec affectation hypothécaire de la maison; celle-ci est vendue, le prix fixé; il reste 60,000 fr., prix net à distribuer. Dans quel ordre seront payés les créanciers, si Paul a inscrit le premier son hypothèque, puis Jacques et enfin Pierre? Paul recevra ses 50,000 fr.; Jacques, le tiers de sa créance, 10,000 fr. A moins que le débiteur n'ait d'autres biens, Jacques perdra les deux tiers de sa créance, et

Pierre, parce qu'il a tardé à inscrire son hypothèque, la totalité de la sienne. Si des créanciers privilégiés s'étaient présentés pour une somme de 10,000 fr., Jacques aurait également tout perdu. Les privilégiés passent, en effet, les premiers, d'après la qualité de leurs créances ; puis les hypothécaires, d'après le rang de leurs inscriptions ; enfin, les simples chirographaires, par *contribution*, s'ils ne peuvent pas être tous payés intégralement.

SECTION IV

De l'extinction des obligations.

L'article 1235 du Code civil énumère les divers modes d'extinction des obligations. Nous dirons seulement quelques mots des suivants.

Paiement. — Dans le langage ordinaire, c'est au versement d'espèces que l'on restreint le sens de ce mot. A un point de vue plus général le paiement est l'*accomplissement de l'obligation :* l'acheteur paie son prix, le vendeur *paie* en livrant la chose vendue.

Les frais du paiement, par exemple du timbre de quittance, sont à la charge du débiteur. Le lieu du paiement, sauf conventions contraires, est le domicile de l'acheteur.

Compensation. — Elle s'opère quand chacune des parties se trouve à la fois, pour une somme liquide et exigible, créancière et débitrice de l'autre. Si les deux sommes sont égales, chacun est libéré; si l'une est plus forte que l'autre, l'une des parties reste débitrice de la différence.

Prescription. — C'est un moyen de se libérer par l'effet du temps, sous les conditions déterminées par la loi. Nous aurons plusieurs fois l'occasion d'étudier des cas de prescription. On distingue la prescription ordinaire ou de droit commun, qui est de trente ans, et d'autres prescriptions exceptionnelles, réglées par la loi d'une façon formelle et précise. Se prescrivent par *trente ans* toutes les actions tant réelles que personnelles, sans que celui qui allègue cette prescription soit obligé d'en rapporter un titre ou qu'on puisse lui opposer l'exception déduite de la mauvaise foi (art. 2262 C. c.).

Il y a de *courtes prescriptions* qui sont de six mois, un an, deux ans, cinq ans. Se prescrivent par ce dernier laps de temps les intérêts des sommes prêtées et généralement tout ce qui est payable par année ou à des termes périodiques plus courts (art. 2277 C. c.). Pour les courtes prescriptions, sauf précisément celle que nous venons de citer comme exemple, le *serment* peut être déféré au débiteur : s'il ne jure pas qu'il s'est libéré, il doit payer. Une certaine défaveur s'attache à ce moyen de la prescription, quelquefois cependant la seule ressource d'un homme de bonne foi dans l'impossibilité de prouver sa libération.

Les prescriptions peuvent être *interrompues*, c'est-à-dire que tout le temps déjà écoulé sera perdu, par la reconnaissance du droit du créancier faite par le débiteur, et aussi par divers actes que peut faire le créancier : un commandement, une saisie, une citation en conciliation suivie dans le mois de l'assignation; enfin, une demande en justice.

Nous ne pouvons quitter cette matière de la prescription sans citer la fameuse règle de l'article 2279 du Code civil : « *En fait de meubles possession vaut titre.* » La possession, mais avec la double condition d'une juste cause d'acquisition et de la bonne foi, opère une sorte de prescription immédiate. Quant aux meubles *perdus* ou *volés*, il faut trois ans.

SECTION V

Du prêt à intérêt.

L'intérêt est pour le prêteur le dédommagement de la privation momentanéc de la somme par lui remise à l'emprunteur.

Le *taux* le plus élevé de l'intérêt est cinq pour cent en matière civile, six pour cent en matière commerciale (L. 3 septembre 1807). Ainsi, j'emprunte pour acheter une maison de campagne, je ne puis pas payer plus de 5 p. 100 ; j'emprunte pour acheter un fonds de commerce, je puis payer 6 p. 100. Dans ce dernier cas, le prêteur court plus de risques, et moi-même je puis faire rapporter beaucoup à la somme empruntée.

Les intérêts ne peuvent être *capitalisés* et devenir à leur tour productifs d'intérêts qu'autant qu'ils sont actuellement échus et dus pour un an.

J'emprunte pour m'établir commerçant. Mon prêteur peut avoir en moi une telle confiance qu'il n'exige aucune garantie. Il prête à *découvert*, par exemple sur simple billet, ainsi conçu :

« Je soussigné (n. p. q. et d.) reconnais devoir la somme de... à M. (n. p. q. et d.) qui m'en a fait l'avance ; je m'oblige à lui rembourser cette somme à... le... avec intérêts à... par an, à compter de ce jour.

Fait à... le.., »

Mais le prêteur peut aussi exiger une garantie, une *couverture*, par exemple, une hypothèque sur une maison, un cautionnement, un nantissement, l'engagement solidaire de la femme.

Solidarité. — L'obligation est solidaire entre plusieurs débiteurs lorsque le créancier peut s'adresser à chacun d'eux pour obtenir la totalité de la dette. — La solidarité ne se présume pas : elle résulte soit d'une disposition de la loi, et nous en verrons plusieurs exemples, soit d'une convention formelle (art. 1202 C. c.).

Cautionnement. — C'est un contrat par lequel une ou plusieurs personnes s'obligent envers le créancier à acquitter la dette, si le débiteur ne le fait pas. Le tiers qui intervient ainsi s'appelle *caution*. On peut cautionner une caution. Le cautionnement donné sur un effet de commerce s'appelle *aval*.

Nantissement. — C'est un contrat par lequel un débiteur remet une chose à son créancier pour sûreté de la dette. Le nantissement d'une chose mobilière s'appelle *gage*. Nous aurons l'occasion d'étudier le gage en matière commerciale. Le nantissement commercial prend souvent le nom de *consignation*.

SECTION VI

Du louage.

On distingue le louage des choses et le louage d'ouvrage.

Le louage des choses est un contrat par lequel une des parties s'oblige à faire jouir l'autre d'une chose pendant un certain temps et moyennant un certain prix que celle-ci s'oblige à lui payer (art. 1709 C. c.).

On peut louer ou par écrit ou verbalement. L'acte écrit, en matière de louage, s'appelle *bail* (1).

Voici une formule d'un bail d'usine, d'un moulin :

« Par devant M⁰..., notaire.....

M... (n. p. q. et d.) a donné à bail pour.. années consécutives qui commenceront le..... à M.... (n. p. q. et d.) présent et acceptant, un moulin à eau sis à... sur la rivière de... pourvu de... paires de meules et de tous ses

(1) Le bailleur doit, dans les trois mois, présenter le bail à l'enregistrement, ou déclarer les locations verbales qu'il aurait faites. Des formules de déclarations se trouvent aux bureaux d'enregistrement et mentionnent les obligations du bailleur au point de vue fiscal.

4.

tournants, virants, travaillants, vannes, ustensiles servant à l'exploitation; ledit moulin composé (suit la désignation), tel qu'il se comporte avec toutes ses appendances et dépendances, sans plus ample désignation, le preneur déclarant le bien connaître pour l'avoir vu et visité. — Ce bail a été fait moyennant un loyer annuel de... que le preneur s'oblige de payer au bailleur en sa demeure en deux termes égaux, aux... de chaque année, et en espèces métalliques ayant cours, et en outre aux charges et conditions suivantes : 1° de prendre le moulin et ses accessoires dans l'état où ils se trouvent et d'après la prisée qui sera faite par M. M..., experts choisis d'accord entre les parties; 2° d'entretenir de toutes réparations ledit moulin, la reillière, les vannes, les chaussées, les déversoirs, et de s'arranger de telle façon que le bailleur ne puisse être inquiété ni recherché par qui que ce soit pour perte d'eaux ou inondation; 3° de faire faucher et curer la rivière à... mètres en amont et... mètres en aval, de rejeter les vases sur chacune des berges, sans pouvoir les étendre au delà d'un mètre de chaque côté; 4° de rendre les virants et travaillants composant le moulin conformes à la prisée dont il a été ci-dessus parlé, sauf à payer la moins-value ou à recevoir la plus-value constatée par la nouvelle prisée qui devra avoir lieu à la fin du bail; cette différence sera exigible de part ou d'autre dans le mois qui suivra la prisée; 5° d'entretenir tous les bâtiments de toutes réparations locatives et de les rendre à la fin du bail conformes à l'état des lieux qui devra être dressé, aux frais du preneur, immédiatement après son entrée en jouissance; 6° de souffrir, sans indemnité pendant tout le temps qu'elles pourraient durer, les grosses réparations qui deviendraient nécessaires; 7° de ne pouvoir par quelque motif que ce soit demander une diminution de loyer; 8° de ne pouvoir céder, en tout ou en partie, leur droit au présent bail sans le consentement exprès et par écrit du bailleur; 9° de s'opposer à tous empiétements et de prévenir le bailleur de ceux qui pourraient avoir lieu; 10° de payer les frais des présentes et l'expédition à remettre au bailleur. — De son côté ce dernier s'est obligé à maintenir les lieux loués dans l'état où ils se trouvent actuellement et à les tenir constamment clos et couverts. — Dont acte..... »

Le louage d'ouvrage ou *d'industrie* est un contrat par lequel l'une des parties s'engage à faire quelque chose pour l'autre moyennant un prix convenu entre elles.

On ne peut engager ses services que pour un temps ou pour une entreprise déterminée.

Voici une formule de marché d'ouvrage :

« Les soussignés M.... (n. p. q. et d.) et M.... (n. p. q. et d.) arrêtent les conventions suivantes : — M..... s'oblige à travailler pendant..... à partir de..... pour le compte de M..... à diriger tous les travaux de la fabrique de..... à donner tout son temps et tous ses soins pour la bonne fabrication. Cependant M..... ne pourra être contraint de travailler les jours légalement fériés. S'il se trouvait obligé de suspendre son travail par maladie ou tout autre cas de force majeure, il se ferait remplacer à ses frais par un autre ouvrier de même capacité. Si l'empêchement excédait le délai de....., chacune des parties aurait le droit de résilier le présent traité. — De son côté, M. .... s'engage à conserver le sieur..... en qualité de..... pendant le temps ci-dessus fixé et à lui payer une somme de..... par..... Si, avant l'expiration du présent traité, M..... fermait sa fabrique, il serait tenu de payer à M..... une indemnité fixée à..... Fait double, à..... le..... »

SECTION VII

Quelques principes généraux en matière de vente.

La vente peut être considérée comme le plus important des contrats. L'un s'oblige à livrer une chose et l'autre à la payer (art. 1582 C. c.). La vente est parfaite dès que l'on est d'accord sur la chose et sur le prix. Le prix peut être laissé à fixer par des arbitres. On peut aussi vendre *au cours*, c'est-à-dire d'après le prix courant constaté par les courtiers ou par les mercuriales, état des prix des denrée vendues sur le marché.

Obligation du vendeur. — Le vendeur doit *délivrer* à l'acheteur la chose vendue. Les frais de délivrance lui incombent ; l'acheteur prend à sa charge les frais d'enlèvement. Ainsi, je vends cent quintaux de cuivre qui sont dans mon magasin ; je me charge du pesage, et l'acheteur viendra prendre livraison au magasin. Le vendeur est dispensé de faire la délivrance, si, depuis la vente, l'acheteur est devenu notoirement insolvable.

La seconde obligation du vendeur est la *garantie :* il doit garantir l'acheteur contre les défauts cachés de la chose qui la rendaient impropre à l'usage auquel elle est destinée. Ainsi, je vends de la graine de betterave en tel état que la germination ne peut avoir lieu ; je devrai reprendre cette marchandise parce qu'elle a un *vice rédhibitoire*. Une loi spéciale, du 20 mai 1838, a déterminé quels sont les vices rédhibitoires qui peuvent donner lieu à la résolution de la vente, quand il s'agit d'animaux domestiques.

Le vendeur garantit aussi la *possession paisible* de la chose vendue. Il doit la livrer en l'espèce, la qualité et la quantité promises, toutes choses que l'acheteur est en droit de vérifier avant la réception définitive.

Obligations de l'acheteur. — L'acheteur est obligé de *retirer* la chose vendue et de *payer* son prix.

Si un délai a été fixé pour le retirement, le vendeur pourra disposer de sa chose, après l'expiration de ce délai.

La créance du vendeur est garantie par un *privilége* sur la chose vendue, et par l'*action résolutoire*, c'est-à-dire que le vendeur non payé peut exiger que tout soit remis au même état que si la vente n'avait pas eu lieu. Le vendeur peut enfin reprendre sa chose par l'exercice du droit de *revendication*. Mais les droits du vendeur sont gravement modifiés en matière de faillite.

Cession de créance. — Le *cédant* remet le titre de la créance au *cessionnaire*, signification du transport est faite au débiteur. Mais cette signification peut être remplacée par l'acceptation faite par le débiteur par titre authentique.

Certaines créances sont cessibles par voie d'*endossement*, et même, comme les titres au porteur, par la seule *remise du titre*.

II

LA VIE COMMERCIALE

CHAPITRE PREMIER

DES VENTES COMMERCIALES.

Le chapitre précédent sert de transition naturelle entre la première partie de cet ouvrage et la seconde. Dans celle-ci, le commerçant est établi; il se livre à diverses opérations, notamment il achète, il vend; nous allons donc reprendre brièvement les principales obligations du vendeur et de l'acheteur, en restreignant nos explications aux matières commerciales.

Obligations du vendeur. — S'il existe un acte de vente rédigé par écrit, le vendeur, qui est censé l'avoir dicté, a dû mettre tous ses soins à expliquer clairement les obligations de chacune des parties : *tout pacte obscur ou ambigu s'interprète contre lui* (art. 1602 C. c.).

Voici une formule donnant l'exemple d'une vente de marchandises :

« Entre les soussignés, etc.. M... vend à M... (désignation exacte des objets), lesquels se trouvent à... et ont été visités et marqués par l'acheteur. La présente vente est faite moyennant le prix de... que M. s'oblige à payer à M... au moment de l'enlèvement de la marchandise, avec escompte de... Cet enlèvement devra avoir lieu dans un délai de... à compter de ce jour.

Fait double à... le... »

Cet exemple nous montre une vente pure et simple ou *sans terme de livraison ;* car, si un délai est stipulé, ce n'est pas en faveur du vendeur, mais en faveur de l'acheteur : celui-ci a la marchandise à sa disposition ; il achète *en disponible.*

Il s'agit d'une *vente à livrer,* quand c'est l'acheteur qui accorde le délai, ce délai s'appliquant à la livraison. Le marché à livrer peut être *ferme* ou *à prime.* Il est ferme quand le vendeur doit nécessairement livrer au terme convenu ; il est à prime, quand il se réserve la faculté de ne pas livrer, en payant une somme déterminée (prime).

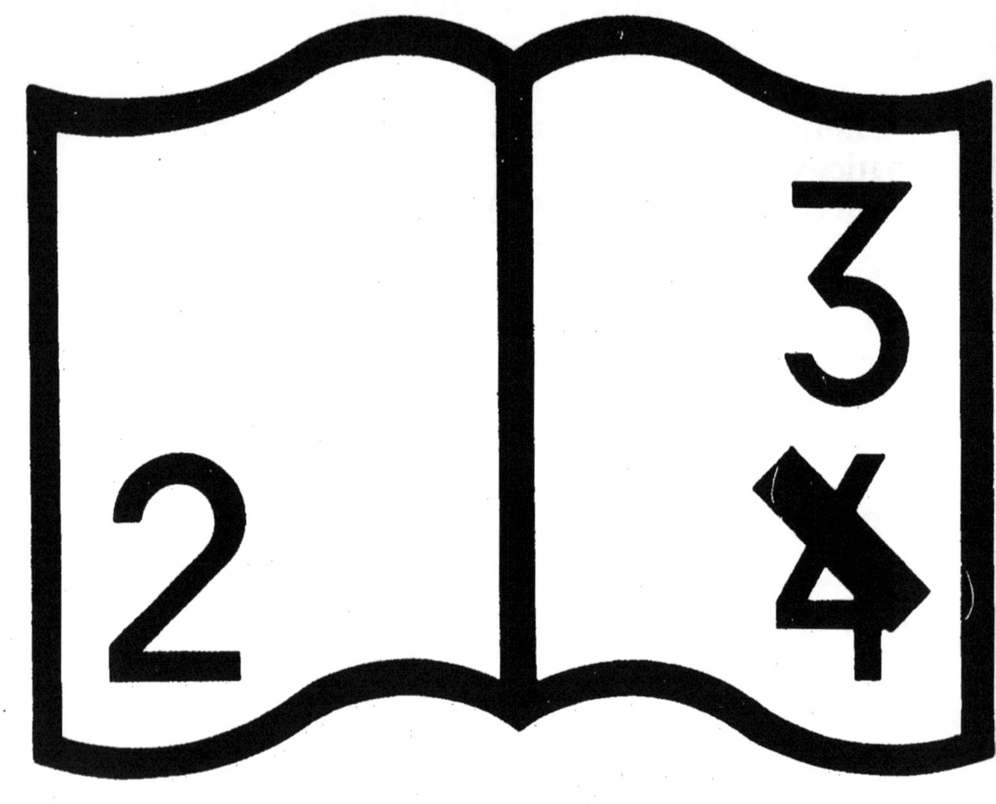

Je suppose une vente ferme de cent tonnes d'huile de colza épurée faite par Pierre à Paul pour le terme du quinze juin. Ce jour arrivé, Pierre facturera :

Doit M. Paul à Pierre

pour vente et livraison de ce qui suit :

Lille, *le* 15 *juin* 187

Marché du 15 février 187 .

100 tonnes huile de colza épurée, à 100 francs....................   10,000

Valeur en ma traite au 15 août prochain.

Les ventes à livrer, même à prime, peuvent être très-sérieuses ; elles peuvent être aussi un pur jeu sur la différence des cours de la marchandise aux époques déterminées. La loi n'accorde aucune action pour une dette de jeu ou le paiement d'un pari (art. 1965 C. c.). Les tribunaux ont un pouvoir souverain pour apprécier, d'après les circonstances de fait, s'il s'agissait d'un jeu ou d'une véritable opération commerciale.

La vente est *à terme*, et non *au comptant*, quand un certain délai est accordé à l'acheteur pour s'acquitter.

La vente peut être *conditionnelle*. — Elle est soumise à une condition *suspensive*, si elle ne doit avoir lieu que si l'événement se réalise. Ainsi, je vends des cachemires qui se trouvent sur un navire désigné, l'*Aigle*, retour des Indes, à la condition d'*heureuse arrivée* dans un certain délai. — Les ventes *à l'essai* sont toujours présumées faites sous condition suspensive. — Il en est de même s'il s'agit de choses qu'il faut peser, compter, mesurer, goûter. Par exemple, la propriété n'est transmise du vendeur à l'acheteur que si le mesurage a eu lieu, et, lorsque l'acheteur n'a pas assisté à l'opération, si la marchandise est sortie du magasin du vendeur. — La vente peut encore être soumise à une condition *résolutoire*. Elle a lieu immédiatement, mais, si la condition s'accomplit, tout est remis au même état que s'il n'y avait pas eu contrat : par exemple, je vous vends un cheval, à la condition que si celui que je conserve vient à mourir dans un certain délai, la vente sera résolue. Ces distinctions sont importantes au point de vue de la question des *risques*. Il s'agit, en effet, de savoir, lorsque la chose vient à périr, pour qui est la perte, pour le vendeur ou pour l'acheteur. Dans les ventes faites sans condition (dans les ventes pures et simples d'un objet déterminé), et même dans les ventes avec condition résolutoire, les risques sont pour l'acheteur, lequel est devenu immédiatement propriétaire. Dans les ventes sous condition suspensive, les risques incombent au vendeur.

La promesse de vente avec promesse d'acheter de la part de l'autre partie, moyennant un prix fixé ou suffisamment déterminé, produit tous les effets d'une véritable vente. Il n'y a d'intérêt à faire une distinction entre la vente et la promesse de vente qu'au point de vue des *arrhes*. Quand il s'agit d'une vente complétement réalisée, les arrhes payées par l'acheteur sont présumées être une avance sur le prix ; quand il s'agit d'une promesse de vente, ces arrhes constituent un *dédit :* l'acheteur peut se départir du contrat en perdant la somme qu'il a avancée, et le vendeur a la même faculté en restituant le double de ce qu'il a reçu au moment de la promesse.

Pour continuer l'énumération des diverses espèces de ventes commerciales, nous devons signaler les ventes *sur échantillon ;* la marchandise sera refusée par l'acheteur, si elle n'est pas conforme à l'échantillon qui lui a été remis, à moins qu'il n'ait été convenu que la non-conformité, si la marchandise est loyale et marchande, n'entraînera qu'une réduction de prix, ou *réfaction.*

Parlons aussi des ventes à l'entrepôt. Les *entrepôts* sont des magasins publics destinés au dépôt des marchandises et placés sous la surveillance de l'administration des douanes. Des magasins particuliers peuvent quelquefois remplir le même office, devenir des entrepôts *fictifs*. Dans les entrepôts *réels*, les marchandises déposées n'ont pas payé les droits d'entrée ; leur propriétaire peut les réexporter ou les envoyer dans un autre entrepôt. S'il se décide à les livrer à la consommation en France, il paie les droits. S'il vend, il peut laisser à l'acheteur le choix entre prendre livraison et payer le prix, y compris les droits, ou bien se faire mettre au lieu et place du vendeur, par un transfert sur les registres de la douane ; c'est ce qui s'appelle vendre *à l'acquitté avec faculté d'entrepôt.*

La vente *par filière* est surtout en usage sur la place de Marseille. Le vendeur remet à l'acheteur un ordre de livraison transmissible par voie d'endossement. Si l'acheteur revend, il inscrit : *ordre* un tel, en indiquant le nom de son cessionnaire, et ainsi de suite. La liquidation de la filière se fait par les soins du premier vendeur, qui livre la marchandise et reçoit le prix du dernier cessionnaire.

Nous savons déjà que la principale obligation du vendeur est la délivrance, ou *livraison*. Comment s'opère-t-elle? Par la remise de la chose elle-même, la plupart du temps; ou par la remise d'un titre de propriété, des chefs du magasin; par un endossement ou par un transfert, comme nous en avons vu des exemples; quelquefois par le simple consentement: ainsi, vous avez déjà en votre possession la marchandise que je vous vends; ou bien vous voulez dès maintenant avoir à vos risques et périls une marchandise qui se trouve en mer à bord d'un navire désigné, etc...

Les marques apposées par l'acheteur sur les objets qui font partie de la vente mettent à sa charge les risques, mais ordinairement ne constituent pas une véritable délivrance.

Si le vendeur n'accomplit pas son obligation de livrer, l'acheteur a le choix d'exiger sa mise en possession ou de demander la résolution de la vente (art. 1610 C. c.). S'il trouve facilement des marchandises sur la place, *l'acheteur*, pour employer les termes usuels, *se remplace de marchandises*, et, s'il existe une différence à son préjudice, il doit en être indemnisé par son vendeur.

Nous savons aussi que le vendeur doit *garantir* la possession paisible de la chose vendue, et la donner de la nature, de la quantité et de la qualité convenues.

Les *fraudes* en matière de vente sont réprimées par la loi pénale (art. 423 C. pénal. — L. du 27 mars 1851; du 5 mai 1855).

Si la chose vient à périr chez l'acheteur par suite des vices qu'elle renfermait, la perte est pour le vendeur.

L'acheteur est en droit de vérifier la marchandise avant de la recevoir. S'il a pris livraison avant d'avoir vérifié, il ne s'ensuit pas nécessairement que cette prise de livraison entraîne la *réception* définitive de la marchandise; par exemple, si les vices de la marchandise étaient de nature à ne pouvoir être reconnus qu'après emploi au domicile de l'acheteur, après une analyse ou un examen demandant un temps assez considérable. Il faut toutefois que la vérification de l'*identité* de la marchandise soit encore possible.

Nous avons déjà eu l'occasion de parler de la *loi du 13 juin* 1866, qui a déclaré officiellement certains *usages* reçus en matière de vente commerciale. Des tableaux sont annexés à cette loi, et voici les *principales règles* qui sont appliquées dans ces tableaux :

« Toute marchandise pour laquelle la vente est faite au poids se vend au poids brut ou au poids net. Le poids brut comprend le poids de la marchandise et de son contenant. Le poids net est celui de la marchandise à l'exclusion du poids de son contenant. — Tout article se vendant au poids et non mentionné au tableau est vendu au poids net. La tare représente, à la vente, le poids présumé du contenant. La tare ne s'applique qu'à certaines marchandises que, pour les facilités du commerce, il est d'usage de ne pas déballer. L'acheteur a le droit, en renonçant à la tare d'usage, de réclamer le poids net pendant le cours de la livraison. Pour la marchandise vendue au poids brut, l'emballage doit être conforme aux habitudes du commerce. L'emballage (toile, fût, barrique, caisse, etc.) reste à l'acheteur, sauf les exceptions portées au tableau. Lorsqu'il y a deux emballages, l'emballage intérieur, en tant qu'il est considéré dans l'usage comme marchandise, et qu'il est conforme aux habitudes du commerce, est compris dans le poids net. Le tonneau de mer s'entend du tonneau d'affrétement tel qu'il est réglé pour l'exécution des articles 3 et 6 de la loi du 3 juillet 1861. Sauf les exceptions portées au tableau, il n'est accordé ni dons, ni surdons, ni tolérance. On entend par don une réfaction pour altération ou déchet en quelque sorte forcé de la marchandise. Le surdon est un forfait facultatif pour l'acheteur, à raison d'avaries ou mouillures accidentelles. La tolérance accordée en général pour le déchet nommé pousse ou poussière a pour objet de limiter la réclamation de l'acheteur contre le vendeur. Dans les ports maritimes, toutes les marchandises autres que les articles manufacturés se vendent sur le pied de

2 p. 100 d'escompte au comptant, et lorsque le vendeur consent à convertir tout ou partie de l'escompte en terme, l'escompte se règle à raison de 1/2 p. 100 par mois. »

Obligations de l'acheteur. — L'acheteur doit retirer la marchandise et payer son prix. Nous ne reviendrons pas sur ces deux points.

Mais nous ne pouvons quitter cette matière sans indiquer la *prescription* de l'article 2272 C. c. « L'action.... des marchands, pour les marchandises qu'ils vendent *aux particuliers non marchands.....* se prescrit *par un an.* » En dehors du cas prévu *textuellement* dans cet article, la prescription ne s'applique plus : il faut que l'opération soit commerciale chez celui qui fait la fourniture et non commerciale chez celui qui la reçoit. Les distinctions que nous avons faites à propos des actes de commerce reçoivent ici leur application.

CHAPITRE II

DES BOURSES DE COMMERCE, DES AGENTS DE CHANGE ET DES COURTIERS.

SECTION I

Des bourses de commerce.

Il n'existe de *bourses de commerce*, c'est-à-dire de lieu où se réunissent les commerçants, sous l'autorité du gouvernement, que dans certaines grandes villes et ports. Nous disons *sous l'autorité du gouvernement*, parce que ces réunions doivent être autorisées par le gouvernement et qu'elles sont placées sous la surveillance du préfet de police à Paris, du maire dans les autres villes. — D'après l'article 613 du Code de commerce, l'entrée de la Bourse est interdite aux faillis non réhabilités.

Le commerçant est parfaitement libre d'aller ou non à la Bourse. Mais le résultat des diverses opérations qui s'y traitent constitue le *cours* des marchandises, des effets publics, valeurs industrielles, etc... Le relevé des valeurs dont le cours est déterminé par la moyenne des prix d'achat pendant la durée de la Bourse prend le nom de *cote*. La valeur est admise à la cote ou *cotée*. La cote s'établit par les déclarations des agents de change ou courtiers, et leur syndic doit la publier et l'afficher dans l'intérieur de la Bourse.

SECTION II

Des agents de change.

Les *agents de change* sont les intermédiaires nécessaires entre les parties qui veulent faire une opération quelconque sur les rentes sur l'État ou effets publics en général. Nous venons de voir qu'ils sont chargés de la constatation du *cours*. Ils ont également le monopole de servir d'intermédiaires pour les négociations de lettres de change et de toutes valeurs et papiers d'industrie et de commerce. Mais, pour la négociation des effets privés, les particuliers peuvent faire eux-mêmes leurs affaires.

Obligations des agents de change. — Les agents de change sont nommés par le gouvernement, à certaines conditions qu'ils doivent remplir. — Ils sont *obligés*, à raison du monopole dont ils jouissent, de prêter leur ministère à ceux qui le réclament. — Ils sont de plus tenus : 1° d'avoir un carnet où ils inscrivent immédiatement leurs opérations ; 2° de se faire remettre préalablement les titres qu'ils sont chargés de vendre ou le prix des titres qu'ils doivent acheter ; 3° de garder le secret de leurs opérations ; 4° de délivrer récépissé, lorsqu'on le leur demande, des sommes ou valeurs qui leur sont remises. — *Il leur est interdit :* 1° de faire des avances à leurs clients ; 2° de se rendre garants de l'exécution des marchés ; 3° de négocier aucune lettre de change ou billet appartenant à des faillis ; 4° de faire des opérations pour leur propre compte ou de s'intéresser dans une entreprise commerciale. A raison de cette dernière interdiction, s'ils sont déclarés en faillite, ils sont poursuivis comme banqueroutiers. Pour les autres infractions à leurs obligations, outre tous dommages-intérêts au profit des parties, ils encourent l'amende et des peines disciplinaires qui comprennent la destitution.

Une loi du 2 juillet 1862 permet aux agents de change de former avec un ou plusieurs bailleurs de fonds une sorte d'association en commandite (art. 76, Co.).

SECTION III

De quelques opérations de bourse.

Nous avons vu que la vente des marchandises pouvait avoir lieu *au comptant* ou *à terme,* et dans ce dernier cas d'une manière *ferme* ou *à prime.* Il en est de même des négociations sur les valeurs de bourse : rentes sur l'État, actions, obligations, etc....

Les titres de rente sont au porteur ou nominatifs. Quand il s'agit de titres nominatifs, indépendamment de la remise du titre, le transfert de l'inscription doit être déclaré par le vendeur sur le *livre des transferts,* visé par l'agent de change et dénoncé au Trésor dans le délai de cinq jours. Les fonds sont versés par l'agent acheteur à l'agent vendeur au plus tard le sixième jour. Chacun des agents remet à son client un *bordereau arrêté* de la négociation.

On peut vendre à livrer à la fin du mois, *fin courant,* ou à la fin du mois suivant, *fin prochain.*

Le marché *ferme* ne demande pas d'explications. Dans le marché *à prime,* le marché reste ferme pour le vendeur; mais il est libre de la part de l'acheteur qui peut refuser de se livrer en perdant la prime; l'acheteur aura intérêt à ne pas se livrer si le cours est notablement moins élevé qu'à l'époque de son achat. La prime est toujours versée au moment de l'achat entre les mains de l'agent vendeur. Au jour de la *liquidation*, a lieu la *réponse des primes*. Ainsi, j'ai acheté 5,000 fr. de rente 3 0/0, à 70, *dont* 0 fr. 50. J'ai payé immédiatement 50 centimes par chaque chiffre de rente, soit autant de fois 50 centimes qu'il y a de fois 3 dans 5,000 = 833 fr. 33. Le jour de réponse arrivé, ou bien je renoncerai à l'opération, si, par exemple, le cours est à 68, parce que les 5,000 fr. de rente représentent à ce cours un capital de 133,333 fr. 33. J'ai intérêt à acheter à ce prix, tout en perdant les 833 fr. 33 de prime, parce qu'en exécutant l'opération, je paierais :

5,000 fr. de rente 3 0/0 à 70..	116,666ʳ66
la prime......................	833 33
	117,499 99
	113,333 33
et perdrais en conséquence.....	4,166 66

Ou bien, j'exécuterai l'opération si, par exemple, le cours est à 72, parce que les 5,000 fr. de rente représentent à ce cours un capital

de.............................. 120,000ᶠᵃᵃ
tandis que je ne paierai que.... 117.499 99
—————————
je gagnerai donc............. 2,500 ᵃᵃ

Je suppose maintenant qu'ayant acheté 1,000 fr. de rente 3 0/0 à 70, je ne puisse ou ne veuille exécuter le marché, prendre livraison, j'ai la ressource de me faire *reporter*. Je vends fin courant les 1,000 fr. de rente à 70 ; mon acheteur se livre et paye à ma place, et je lui rachète cette même rente à 70,80 fin prochain. J'aurai alors à payer... 23,600ᶠ33
au lieu de...................... 23,333 ᵃᵃ
—————————

ce qui représente, comme intérêt pour un mois, comme prix du report............................ 266 67
soit de l'argent à 1 fr. 15 0/0 pour un mois, à près de 14 0/0 pour un an, sans que le prêteur ait eu à courir des risques. Mais si la rente hausse, je pourrai moi-même faire un bénéfice : si, par exemple, elle vient à 72, j'aurai payé 23,600 fr. Mais je pourrai vendre 24,000 fr., j'aurai gagné 400 fr.

Tout marché à terme qui a uniquement pour objet un payement de *différences* est prohibé, comme constituant un jeu ou pari. C'est ce qu'on appelle une opération *à découvert.*

Un spéculateur achète fin prochain cent actions du Canal de Suez, sans l'intention de prendre livraison ; d'ici au terme, il vend ces mêmes cent actions ; il est censé payer avec le prix de la revente ; mais, en réalité, il s'agit seulement du paiement entre les mains de l'agent de change de la différence qui viendra à se produire de part ou d'autre. Le spéculateur dont nous parlons *joue à la hausse*, parce que c'est dans le cas de hausse qu'il touchera une différence : c'est un haussier. Le baissier, au contraire, a commencé par vendre pour tâcher de racheter ensuite moins cher qu'il n'a vendu.

Quand les agents de change se prêtent à des opérations à découvert, ils ont le soin de faire consigner une somme suffisante pour répondre des différences ; ils exigent qu'on fournisse une *couverture*.

Ne quittons pas cette matière sans signaler la loi du 15 juin 1872, rendue au profit du propriétaire de titres au porteur perdus ou volés, autres que les billets de banque et les titres de rente sur l'État.

SECTION IV

Des courtiers.

Une loi de 1866 a rendu libre la profession de courtiers en marchandises, chargés de servir d'intermédiaires entre vendeurs et acheteurs.

Il existe encore comme privilégiés : 1° les *courtiers d'assurances maritimes*, intermédiaires entre les assureurs et les personnes qui veulent contracter une assurance maritime; 2° les *courtiers interprètes et conducteurs de navires;* 3° les *courtiers gourmets piqueurs de vin.* La loi parle encore de *courtiers de transport* par terre ou par eau ; mais en fait, il n'en n'existe plus.

Suivant la loi du 18 juillet 1866, il faut distinguer les courtiers en marchandises *inscrits* et ceux qui ne sont pas inscrits. Les premiers sont institués par les tribunaux de commerce et prêtent serment. Ils peuvent être requis pour l'estimation des marchandises des magasins généraux; ils ont le privilége de faire les ventes publiques de marchandises en gros qui doivent s'opérer par le ministère d'un courtier. Enfin, quand leur nombre est suffisant, ils constatent seuls le cours des marchandises.

En général, les courtiers ont les mêmes obligations que les agents de change, sauf qu'ils n'ont pas à garder le secret et qu'ils n'ont pas à se faire remettre les objets de la négociation, attendu qu'ils ne sont que de simples intermédiaires entre l'acheteur et le vendeur qu'ils réunissent et dont ils reçoivent une commission appelée *courtage*, payée par moitié par chacune des parties.

Depuis la loi de 1866, les courtiers en marchandises peuvent faire le commerce pour leur compte. Mais il est bien évident qu'un courtier intéressé dans une opération doit en avertir ceux qui s'adresseraient à lui et dont l'intérêt pourrait être contraire. Le courtier, quand il agit en cette qualité, ne contracte jamais lui-même, ne s'oblige pas.

CHAPITRE III

DES COMMIS.

Certains commis sont *sédentaires ;* par exemple, un caissier, un teneur de livres.

Le fondé de pouvoirs, préposé ou *facteur,* reçoit un mandat général pour tous les actes du commerce de son patron, ou tient une succursale, ou reçoit un mandat restreint à certaine branche du commerce, à certains actes.

Voici une formule de *mandat,* ou procuration :

« Je soussigné... donne pouvoir à... de (indiquer soigneusement les actes qui pourront être faits par le mandataire). Promettant de ratifier tout ce qui sera fait en mon nom dans les limites de ce mandat.

Fait à... le... »

Le *commis-placier* est chargé de la vente des marchandises. Il en est de même du commis-voyageur, lequel va de ville en ville solliciter des commandes.

Le caractère général des *commis* est d'être lié avec leur patron par un contrat permanent, qui est un *louage d'industrie* ou *de services*. Ils agissent toujours au nom du patron. Ils reçoivent des appointements, lesquels sont ordinairement fixes. Ils peuvent être renvoyés et peuvent eux-mêmes quitter la maison de commerce, à l'échéance du temps convenu, par exemple à la fin du mois, s'ils se sont engagés au mois.

Un commis peut être intéressé par son patron à la prospérité de la maison par l'attribution d'une certaine part dans les bénéfices (intérêt). Il n'est pas pour cela l'associé du patron, et la principale différence est qu'il ne supporte rien dans les pertes.

Les commis ont un privilége qui leur garantit six mois de leurs appointements. Par contre, leurs appointements se prescrivent par six mois, ou par un an, suivant la durée de leurs engagements (art. 2271 et 2272 C. c.).

Les actions qu'ils intentent ou qui sont intentées contre eux à raison de leur qualité de commis ou préposés sont de la compétence du tribunal de commerce.

Le vol et l'abus de confiance sont très-sévèrement punis quand c'est un employé qui s'en est rendu coupable au préjudice de son maître (art. 408 et 417 Code pénal).

Le *représentant de commerce* n'est pas un commis, c'est un mandataire salarié, recevant tant pour 100 sur les affaires qu'il traite, ayant des instructions spéciales du représenté, au nom duquel il agit toujours. Il est lié à une seule maison, quelquefois à plusieurs, lesquelles font alors un commerce souvent analogue, mais non identique, parce que dans ce dernier cas le représentant ne pourrait servir l'un des représentés qu'en nuisant aux autres.

CHAPITRE IV

DES COMMISSIONNAIRES.

Le *commissionnaire* est le mandataire commercial; la *commission* est le mandat de faire

un ou plusieurs actes de commerce déterminés, soit en agissant au nom du commettant,
soit en agissant en son propre nom. On appelle
aussi commission le salaire du mandataire, le
bénéfice convenu au profit du commissionnaire.

Le plus ordinairement, le commissionnaire
parle en son propre nom; c'est même là le
grand avantage du contrat de commission :
ceux qui traitent avec le commissionnaire ne
connaissent que lui et ont confiance en lui;
ils hésiteraient sans doute à traiter avec le
commettant, dont la personne et la solvabilité
leur sont inconnues.

L'*acceptation* du mandat n'a pas besoin d'être
expresse de la part du commissionnaire. Dans la
plupart des cas, il sera présumé avoir accepté,
s'il n'a pas refusé dans un très-bref délai. Le
commissionnaire peut *renoncer* au mandat;
le commettant peut le *révoquer;* mais, de part
et d'autre, il faut que les choses soient encore
entières, c'est-à-dire que les intérêts de l'autre
partie ne soient pas lésés par une révocation
ou une renonciation intempestive ou déloyale.

Depuis la loi de 1866, qui a aboli le monopole des courtiers en marchandises, il peut
être quelquefois difficile de distinguer le cour-

tage de la commission. Nous avons vu que le courtier ne s'oblige pas; que son rôle se borne à mettre les parties en rapport; qu'il lui est interdit de se rendre garant de l'exécution des marchés, tandis que ce fait est très-commun de la part du commissionnaire, lequel prend dans ce cas le nom de commissionnaire *du-croire*, et reçoit une double commission appelée également du-croire.

Voici une formule de contrat de commission :

« Entre les soussignés, etc..... M.... autorise M... à vendre (indiquer la nature des marchandises faisant l'objet du contrat de commission), aux conditions qui lui seront indiquées ultérieurement et d'après les variations des cours, s'engageant à exécuter toutes les ventes faites par M... dans les limites des pouvoirs à lui donnés. M... s'engage en outre à payer à M... un droit de commission de.. % sur toutes les ventes qu'il conclura. De son côté M... s'engage à ne traiter qu'avec des personnes solvables, à rendre compte à M...de toutes les sommes ou valeurs qu'il recevra.

Fait double à... le... »

Il s'agit ici d'un commissionnaire-vendeur. Parmi les commissionnaires en marchandises, on distingue, en effet, les commissionnaires-vendeurs et les commissionnaires-acheteurs.

Des commissionnaires-acheteurs. — Ils sont spécialement chargés des achats et sont

plus répandus que les commissionnaires-vendeurs.

En général, le vendeur traite directement
avec le commissionnaire-acheteur, lequel seul,
en ce cas, peut être considéré comme débiteur.
Aussi, en cas de faillite du commissionnaire,
le vendeur ne pourra pas s'adresser directement au commettant; il se présentera seulement pour toucher un dividende dans la faillite du commissionnaire.

Mais entre les parties, entre le commissionnaire et le commettant, celui-ci est immédiatement considéré comme le véritable acheteur. En cas de faillite du commissionnaire, il
est en droit de revendiquer les marchandises
qui lui appartiennent.

Le commettant doit faire tenir au commissionnaire, avant l'échéance, le prix de ce qu'il
lui a fait acheter; il doit lui payer la commission convenue et lui tenir compte en même
temps de tous ses déboursés : frais, intérêts et
avances quelconques. — De son côté, le commissionnaire doit livrer exactement ce qui lui
a été demandé ; il est même tenu avec plus de
force qu'un vendeur, à cause du caractère du
mandat qu'il a reçu, à cause des connaissances
spéciales qu'il fait profession de posséder. Il
ne doit pas acheter au-dessus du prix qui lui a

été fixé. S'il a ainsi acheté, l'opération peut lui être laissée pour compte; il ne peut même forcer le commettant à accepter la marchandise au prix fixé. Ainsi, supposons de l'huile de colza demandée à 100; le commissionnaire l'achète à 110, sans doute parce qu'il a confiance dans la hausse et qu'il espère revendre à son compte à un cours encore plus élevé. Mais l'huile, au lieu de monter, descend à 90. S'il pouvait contraindre son commettant à prendre l'huile à 100, prix fixé, il ne perdrait que 10 et aurait ainsi atténué pour lui-même les mauvaises chances, tout en ayant couru toutes les bonnes, ce qui ne peut être admis comme équitable.

Nous pensons également que le commissionnaire ne peut pas employer le système des *doubles factures*, se faire donner par le vendeur une facture pour le commettant au prix fixé et une autre pour lui-même à un prix inférieur. Si le commissionnaire, à raison de sa situation, obtient des conditions plus favorables que les conditions ordinaires, il doit en faire profiter uniquement le commettant pour lequel il achète, et qui vraisemblablement s'est adressé à lui dans l'espérance d'obtenir certains avantages.

Des commissionnaires-vendeurs. — Ces

commissionnaires ont souvent des magasins où ils reçoivent des marchandises en *consignation*, en dépôt avec mandat de les vendre. Ils font souvent aussi des avances à leurs commettants, acceptent leurs traites, etc... La loi encourage ces avances ; elle accorde un *privilége* au commissionnaire pour toutes ses avances, frais, etc... et pour la commission, sur les marchandises consignées, déposées ou même seulement expédiées, à la condition, pour ce dernier cas, de l'existence d'un nantissement par la remise aux mains du commissionnaire d'un titre tel que connaissement, lettre de voiture.

Si les marchandises ont été vendues, le privilége s'exerce sur le prix; si elles ont été simplement remises en dépôt, le privilégié peut les faire vendre aux enchères publiques, huit jours après une sommation de payer restée infructueuse, ou même plus tôt, en cas d'urgence, avec permission du président du tribunal, sur requête à lui présentée.

En cas de faillite du commettant, si les marchandises n'ont pas encore été vendues par le commissionnaire, et s'il n'a fait aucune avance, cette marchandise appartient toute entière à l'actif de la faillite et est tenue à la disposition du syndic.

En cas de faillite du commissionnaire, le commettant pourra réclamer directement le prix à l'acheteur, s'il est encore dû en tout ou en partie. — Si l'ordre de vente n'a pas été exécuté, ou si les marchandises étaient simplement en dépôt, le commettant les revendiquera, tant qu'elles existeront en nature dans les magasins du failli.

Voici un exemple de compte de vente remis par le commissionnaire à son commettant, et constatant l'exécution du mandat :

Compte de vente, frais et net produit de 125 *sacs superphosphate azoté*, vendus d'ordre et pour compte de M. DEROME, de BAVAI, par VILTARD, à Péronne.

15 *Octobre* 187			
Livré à LATOUR :			
125 sacs 80 k. superphosphate azoté : 20,000 k. à 20 °/₀ k.			4,000
A DÉDUIRE :			
Transport d'Aulnoye à Péronne	75		
Timbres-poste	1	25	
Frais à la réception	12		
Commission 2 °/₀	80		
			168 26
Net produit, valeur au 31 déc. 187			3,831 75

Dans cet exemple, le commissionnaire a indiqué le nom de l'acheteur, mais, dans la plupart des cas, il est en droit de conserver le silence sur ce point, de façon à ce que le commettant ne puisse pas s'adresser directement aux acheteurs.

Nous ne parlerons pas du commissionnaire de transport, le chapitre suivant traitant du contrat de transport, et nous compléterons les notions que nous avons données sur le gage commercial dans le chapitre consacré à l'organisation du crédit.

CHAPITRE V

DU CONTRAT DE TRANSPORT.

SECTION I

Formation et preuve du contrat.

Lorsque j'ai à expédier des marchandises soit à un commissionnaire, soit à un acheteur, je m'adresse à une personne ou à une compagnie qui va devenir l'agent du transport; dans le langage du droit, c'est le *voiturier*; je suis l'*expéditeur*, et la personne à qui j'envoie est le *destinataire*.

Je puis aussi m'adresser à un commissionnaire de transport et traiter avec lui ; lui-même traitera avec un voiturier, et peut-être ce voiturier avec un autre. Il y aura une série de contrats successifs. — Dans ce cas, le commissionnaire, souvent lui-même voiturier, prend le nom de commissionnaire-chargeur, d'entrepreneur de transport ou entrepreneur de roulage ; il se rend responsable de tous les agents du transport, des commissionnaires intermédiaires (art. 99 Co.). C'est un commissionnaire du-croire.

L'acte qui constate le contrat s'appelle *lettre de voiture*. En voici une formule :

MARQUES.	NUMÉROS.	POIDS.	SOMMES.
M. F.	1	401	
	2	420	
	3	407	
		1,228	36 84
			1 »
			37 84

DELATTRE & Cie

Fabricants de Produits chimiques

à AMIENS

Amiens, le 17 Novembre 1877.

A la garde de Dieu et conduite de Carton, voiturier, il vous plaira recevoir trois caisses alun, marquées et numérotées comme en marge, pesant brut douze cent vingt-huit kilogrammes, lesquelles devront vous être rendues bien conditionnées, dans le délai de cinq jours (non compris ceux de départ et d'arrivée), sous peine par le voiturier de perdre un tiers de sa voiture. Vous lui payerez la somme de trois francs par cent kilogrammes, plus un franc pour timbre de la présente.

DELATTRE ET Cie.

A M. FRANÇOIS, *Négociant à Fruges*
(Pas-de-Calais).

Une copie de la lettre de voiture est souvent remise à celui qui accompagne les marchandises et s'appelle la *fausse lettre de voiture* ; la vraie est envoyée par avance au destinataire, qui par là, nous avons déjà eu l'occasion de le remarquer, est mis en possession anticipée de la marchandise ; armé de ce titre, il la réclamera au voiturier.

Dans la pratique, la lettre de voiture est quelquefois remplacée par un *récépissé* remis par le voiturier à l'expéditeur. Le récépissé, comme la lettre de voiture, est soumis au timbre de 70 centimes (L. 30 mars 1872).

Les voituriers sont obligés de tenir un registre spécial pour enregistrer les colis dont ils se chargent (art. 1785 C. c.).

SECTION II

Effets du contrat.

Obligations de l'expéditeur et du destinataire. — Le prix du transport peut être payé par l'expéditeur ; l'envoi est alors fait *franco* ou *en port payé ;* ou bien il est dû par le destinataire ; l'envoi est alors *en port dû*. Si le destinataire ne paie pas, le voiturier a son recours contre l'expéditeur. L'envoi peut encore être fait *contre remboursement :* le voiturier reçoit le mandat de recouvrer le prix des marchandises.

Le voiturier a un privilége pour le prix du transport sur la chose transportée. Il peut, en conséquence, faire vendre la marchandise pour se payer (art. 2102-6° C. c. et 106 Co.).

Obligations du voiturier ou du commissionnaire de transport. — La marchandise peut arriver en *retard ;* elle peut être *perdue,* complétement détruite, ou seulement *avariée,* dépréciée par un accident du transport. Le voiturier répond de ces différents cas : retard, perte, avaries, qui sont présumés résulter de sa faute. Quant au retard, le préjudice qu'il cause est ordinairement évalué au tiers du prix du transport.

Le voiturier peut invoquer différents moyens de défense :

1° La *force majeure* ou le cas fortuit, non précédé d'une faute : par exemple, un incendie, une inondation ;

2° La *faute* personnelle *de l'expéditeur :* par exemple, un emballage défectueux ;

3° Le *vice* même *de la chose,* la nature même de la marchandise : par exemple, du vin s'aigrit en route.

L'agent véritable du transport ne peut pas,

par une clause spéciale insérée dans la lettre de
voiture décliner la responsabilité résultant de
sa faute. Il en est autrement de la part du simple commissionnaire : il peut convenir qu'il ne
sera pas tenu des fautes des voituriers employés par lui.

Nous savons que le voiturier est légalement
présumé avoir reçu la marchandise en bon
état. Mais que doit-il se passer s'il y a *plusieurs
voituriers?* — Par exemple je remets des marchandises au voiturier A. qui, après un certain
trajet, les confie au voiturier B., et celui-ci
les remet au destinataire. Le destinataire ayant
à se plaindre d'avaries aura action contre le
voiturier B., mais celui-ci aura son recours
contre le voiturier A., lequel est présumé avoir
reçu les marchandises en bon état. Mais cette
même présomption s'appliquera au second
voiturier B., et son recours ne sera pas admis
s'il s'agit d'une *avarie apparente,* qu'il aurait
constatée si elle avait existé avant que les
marchandises arrivassent en ses mains, ou
bien s'il est certain qu'il s'est livré à une constatation sérieuse de l'état des marchandises.

S'il y a perte par cas fortuit, c'est généralement l'acheteur qui en est victime. Nous
avons déjà examiné la *question des risques.* Au
point de vue du transport, il faut voir si la

marchandise est livrable chez l'acheteur ou chez le vendeur. Dans le premier cas, la perte est pour le vendeur; dans le second, pour l'acheteur, bien que le voiturier ait été choisi directement par le vendeur, parce que celui-ci, en agissant de la sorte, a fait l'affaire de l'acheteur, a accompli une sorte de mandat.

Fin de non-recevoir que peut opposer le voiturier. — La réception des objets transportés et le paiement du prix opérés tous deux éteignent toute action contre le voiturier (art. 105 Co.).

En cas de refus ou contestation pour la réception des objets transportés, leur état est vérifié et constaté par des experts nommés par le président du tribunal de commerce ou, à son défaut, par le juge de paix, et par ordonnance au pied d'une requête. — Le dépôt ou sequestre, et ensuite le transport dans un dépôt public peut en être ordonné (art. 106 Co.).

La requête dont il vient d'être parlé peut être rédigée comme il suit, sur une feuille de papier timbré de 60 centimes :

« A monsieur le président du tribunal de...
M... a l'honneur de vous exposer : qu'il vient de lui être présenté (indiquer les marchandises, les noms de l'expéditeur et du voiturier qui a présenté les marchandises, ainsi que les motifs

du refus). C'est pourquoi l'exposant vous prie,
Monsieur le président, de vouloir bien nommer
un expert, conformément à l'article 106 du Code
de commerce, pour constater l'état de ces marchandises, sous toutes réserves au profit de qui
de droit... »

Dans la plupart des cas, il sera prudent de
prendre le conseil d'un homme de loi, qui fera
présenter la requête et suivra la procédure.

Le voiturier ne pourra opposer la fin de
non-recevoir édictée par l'article 105, s'il a
remis les marchandises en permettant au destinataire de faire des *réserves* formelles sur le
récépissé. La fin de non-recevoir, du reste, ne
couvre que la simple faute ; elle serait inappli-
cable en cas de fraude de la part du voiturier,
ou bien s'il ne s'agissait que d'une réclamation
relative à ce qui aurait été payé par erreur
au delà du prix du transport.

**Prescription que peut invoquer le voitu-
rier.** — Toutes actions contre le commissionnaire et le voiturier, à raison de la perte ou
de l'avarie des marchandises, sont prescrites,
après *six mois*, pour les expéditions faites dans
l'intérieur de la France, et après un an, pour
celles faites à l'étranger, le tout à compter, pour
les cas de perte, du jour où le transport des
marchandises aurait dû être effectué, et pour

les cas d'avarie, du jour où la remise des marchandises aura été faite, sans préjudice des cas de fraude ou d'infidélité (art. 108 Co.).

Ainsi, après six mois ou un an, selon les cas, le voiturier ne peut plus être inquiété, sauf le cas de fraude. Mais cette prescription ne s'applique plus lorsque le voiturier, non payé du prix du transport, est resté six mois dans l'inaction, puis vient réclamer ce prix ; on peut lui répondre alors qu'on ne le paiera pas, à cause du dommage qu'on a éprouvé par suite de la perte ou de l'avarie.

SECTION III

Des transports par chemin de fer.

Les *principes généraux* en matière de transport n'ont pas été modifiés par l'invention des chemins de fer et l'extension considérable de leur réseau. Il est cependant utile de voir avec plus de détails comment se pratiquent les transports par voie de fer.

Au moment où je livre la marchandise à la gare, je remets à la compagnie une *déclaration d'expédition*, dont la formule m'est donnée tout imprimée ; je remplis cette formule et je signe. Par contre, j'ai droit à un *récépissé d'expédition* renfermant les indications ordinaires concernant la marchandise, la date de sa remise, le prix du transport (dû ou payé) et le délai accordé à la compagnie pour faire parvenir la marchandise à destination. (En petite vitesse, on compte vingt-quatre heures par 125 kilomètres.)

Avant de prendre en charge la marchandise à transporter, la compagnie a le droit de vérifier si elle est en bon état, et, si un état défectueux est reconnu, elle pourra exiger un bulletin de non-garantie qui a pour effet do faire disparaître la présomption de faute qui autrement serait à sa charge. Avec cette précaution, sa responsabilité ne pourrait résulter que d'une faute dûment prouvée.

Les prix sont fixés pour les voyageurs ou les marchandises par des *tarifs* approuvés par l'administration, dans les limites générales du cahier des charges. Ces tarifs sont la loi des parties et restent dans les gares à la disposition de tous. Ils peuvent être abaissés avec l'autorisation du ministre du commerce ; mais, dans ce cas et quant aux marchandises, ils ne peuvent être relevés, avant le délai d'un an, afin de ne pas jeter la perturbation dans les affaires par l'instabilité des prix de transport.

Les *traités particuliers,* favorisant tel ou tel

commerçant, sont absolument interdits aux compagnies de chemins de fer. Les commerçants qui se trouveraient lésés par un traité de faveur auraient une action en dommages-intérêts contre la compagnie.

Quant aux voyageurs accompagnés de leurs bagages, ils ont droit au transport en franchise de 30 kilogrammes et de 20 kilogrammes par enfant payant demi-place. Les personnes voyageant ensemble cumulent leurs franchises. Mais celles qui sont étrangères l'une à l'autre et qui se rassemblent pour une semblable combinaison s'exposent à des poursuites en police correctionnelle.

Revenons au destinataire des marchandises. Il reçoit un avis du chef de gare, puis le *récépissé du destinataire* et, si le port est dû, paie contre la remise de cette pièce.

Si dans les vingt-quatre heures de l'avis qu'il reçoit, le destinataire ne retire pas la marchandise, la compagnie la met en magasinage et perçoit un droit, ordinairement de 10 centimes par 100 kilogrammes et par jour ; après nouvel avis, si le retirement n'a pas lieu, la compagnie s'adresse à l'expéditeur.

Si, au lieu de ne pas répondre, le destinataire refuse, il devra donner au dos du récépissé le motif de son refus, et la compagnie retournera la marchandise à la gare expéditrice. Si personne ne la retire, elle la fera vendre aux enchères publiques par l'administration des domaines, qui prélèvera les frais de vente, paiera le prix du transport et tiendra le reste, s'il y a lieu, à la disposition du propriétaire.

Le destinataire a le droit de vérifier en gare, avant de recevoir la marchandise et de payer le prix du transport, l'état extérieur et intérieur de la marchandise, pour constater si quelque faute incombe à la compagnie, sinon celle-ci invoquerait la fin de non-recevoir de l'article 105. S'il y a contestation, on procède conformément à l'article 106 examiné plus haut.

En cas d'avaries résultant de la faute de la compagnie, la marchandise doit toujours être enlevée par le propriétaire, lequel ne peut la laisser pour compte à la compagnie, à moins que celle-ci préfère la prendre au prix de la facture, espérant y trouver son avantage.

En principe, il faut une saisie-arrêt signifiée à la compagnie pour empêcher de livrer la marchandise au destinataire ou pour l'arrêter dans une gare de transit. — En cas d'urgence, l'expéditeur arrête la marchandise, sous sa responsabilité, par une lettre ou un télégramme.

Les compagnies de chemins de fer sont *assignées* à leur domicile. Les grandes compagnies sont domiciliées à Paris. Mais elles peuvent avoir en province des agents chargés de les représenter et elles sont alors valablement assignées en la personne de ces agents, les chefs de gare dans les localités importantes, par exemple.

CHAPITRE VI

ORGANISATION DU CRÉDIT.

SECTION I

Notions générales.

Le mot *crédit* vient du latin *credere*, croire. Le crédit est le résultat de la confiance. Grâce au crédit que l'on possède, on trouve facilement à emprunter, on obtient facilement des délais. Par l'effet d'une sorte de confiance mutuelle et universelle, les commerçants s'accordent du temps. Par l'organisation du crédit, *le temps devient une marchandise*, et des plus précieuses. Ainsi, le producteur de la matière première la livre au fabricant. Celui-ci, la plupart du temps, lui donne en échange une *pro-*

messe de paiement. Si, par exception, le paiement a lieu immédiatement, si l'opération se fait *au comptant*, le fabricant paie un peu moins cher, retient *l'escompte*. Le producteur en vendant *à terme* vend sa marchandise *et du temps* : ce temps sert à réaliser la fabrication, puis la vente avec bénéfice du produit fabriqué.

Ce qui s'est passé entre le producteur et le fabricant se passe également entre ce fabricant et un autre, chargé de faire subir au produit une nouvelle préparation ; entre ce second fabricant et le marchand en gros ; entre le marchand en gros et le marchand en détail. Ce dernier vend au consommateur. Le cercle s'arrête là. La dernière opération, autant que possible, se fait au comptant. Le marchand en détail paie son fournisseur, qui paie le fabricant, et le fabricant paie le producteur.

En résumé, entre commerçants, on s'accorde du temps. La promesse de paiement prend la forme d'un billet négociable remis par le débiteur au créancier. Paul doit à Pierre 100 fr. payables le 1ᵉʳ avril prochain ; il écrira le billet suivant :

Paris, le... 187... B. P. F. : 100.

Au premier avril prochain, je paierai à Pierre

ou à son ordre la somme de cent francs, valeur
en compte.

Paul.

Voilà un *billet à ordre*. Paul en est le *souscripteur*, Pierre le *bénéficiaire*.

Si Pierre doit à Jacques, il se servira du
moyen de l'*endossement* pour céder sa créance
sur Paul ; il écrira :

Payez à l'ordre de Jacques.
Paris le... 187...

Pierre.

Il peut y avoir ainsi une série d'*endosseurs*.
Chacun d'eux s'oblige au paiement du montant du billet avec le souscripteur et les précédents endosseurs, au profit du dernier bénéficiaire : le *porteur* du billet.

Si le créancier a un besoin immédiat d'espèces, il accepte cependant le billet ; mais il
échange l'obligation à terme contre un paiement actuel : il négocie le billet, par exemple,
chez un banquier, qui le lui escomptera. Ce
faisant, le banquier vendra du temps ; car le
créancier, bénéficiaire du billet, n'avait qu'à
attendre l'échéance du billet pour toucher son
intégralité, et non pas le montant du billet
moins une certaine somme retenue par le
banquier.

Le crédit est bien *organisé* dans un pays, lorsque le plus grand nombre en fait usage, a recours à ses instruments, à la lettre de change, au billet à ordre, au chèque, etc... Les échanges peuvent alors s'effectuer avec une quantité relativement faible d'espèces métalliques ; la loyauté commerciale est la règle et devient la base de la confiance ; lorsqu'une exception se produit, la législation commerciale est assez sagement faite pour protéger celui qui a accordé le crédit et lui faire presque toujours recouvrer sa créance.

Le crédit est l'âme du commerce ; mais ce n'est qu'un moyen d'arriver au but, le *bénéfice*. Il s'agit, en effet, de réunir la plus grande quantité possible de ces marchandises qu'on appelle l'or et l'argent ; car avec ces deux marchandises on peut acquérir toutes les autres. La *monnaie* est l'instrument des échanges. Un célèbre philosophe de l'antiquité, Aristote, a donné de la monnaie cette définition, encore très-juste aujourd'hui :

« On convint de donner et de recevoir dans les échanges une matière qui, utile par elle-même, fût aisément maniable dans les usages habituels de la vie : ce fut du fer, de l'argent ou telle autre substance dont on détermina d'abord la dimension et le poids et qu'enfin, pour se délivrer des embarras d'un continuel mesurage, on marqua d'une empreinte particulière, signe de sa valeur. »

En France l'*unité monétaire* est le *franc*, pièce d'argent pesant cinq grammes, au titre de neuf dixièmes de fin. C'est le type légal, l'étalon de nos monnaies. On trouve cet étalon, mais multiplié par cinq, dans la pièce de cinq francs en argent. Les pièces d'or sont aussi au titre de neuf dixièmes de fin (de métal pur). Le rapport *légal* entre l'or et l'argent est fixé à 15 1/2, c'est-à-dire qu'un lingot d'or a quinze fois et demie plus de valeur qu'un lingot d'argent du même poids.

Les pièces d'appoint de la pièce de cinq francs ne sont pas de la véritable monnaie, mais du *billon*, monnaie de confiance, de titre inférieur, dont la fabrication est limitée à ce qui est nécessaire. Du reste, on ne peut payer plus de cinquante francs en billon. Nul ne peut, au contraire, refuser des pièces de 5 fr. quel que soit leur nombre. Mais le débiteur, dans les paiements de 500 fr. et au-dessus, doit fournir le sac (d'une dimension à contenir 1000 fr.) et la ficelle. Il a droit à la retenue de 10 cent. par sac. Le titre du billon est $\frac{835}{1000}$ pour les pièces d'argent de deux francs, un franc, etc. Le billon des pièces de dix, cinq, deux, un centimes, se compose de 95 parties de cuivre, 4 d'étain et une de zinc. Ce billon de cuivre ne peut être employé dans les paiements, si ce n'est de gré à gré, que pour l'appoint de la pièce de cinq francs. En 1865, l'Italie, la Belgique, la Suisse et la Grèce s'associèrent avec la France pour suivre le même *système monétaire*. Chaque puissance faisant partie de cette association appelée *union latine* doit recevoir chez elle les monnaies de toute espèce des puissances associées. L'Angleterre, le Portugal, l'Allemagne, la Hollande et les États-Unis d'Amérique ont adopté un seul étalon, en or, au lieu d'avoir à la fois le *double étalon*, en or et en argent.

Certains *papiers* peuvent remplacer la monnaie comme instrument des échanges, parce qu'on est certain d'avoir, quand on le voudra, leur représentation en espèces métalliques. Il en est ainsi des billets de la Banque de France, des bons du Trésor, des effets de commerce arrivés à échéance, lorsque la solvabilité du débiteur est suffisamment connue. Des États ont quelquefois émis du papier-monnaie, des billets non remboursables à vue, reçus dans les caisses publiques, ayant cours forcé. Si l'émission de ces titres venait à dépasser un chiffre acceptable, si le crédit de l'État était mis en doute, le papier se dépréciait et ceux qui en détenaient étaient en perte. Il suffit de prononcer le mot *assignats* pour évoquer, en cette matière, de tristes souvenirs.

Le change, d'une façon très-générale, est le commerce de l'or et de l'argent. On distingue le change commercial ou *local*, objet du contrat de change dont nous allons parler, et le change réel ou *manuel*, lequel s'opère de la main à la main et a pour objet les lingots de métaux précieux, les espèces d'or et d'argent, dans les bureaux des ateliers monétaires, et chez les *changeurs*.

Quant au *contrat de change*, c'est la promesse de procurer à quelqu'un une somme d'argent dans un autre lieu. Il peut être défini d'une façon précise : un contrat à titre onéreux, c'est-à-dire n'ayant pas lieu gratuitement, qui a pour caractères essentiels : 1° d'être relatif à une somme d'argent; 2° d'impliquer une remise de place en place, d'un lieu à un autre. — Prenons comme exemple un fait élémentaire : Pierre et Paul se rencontrent à Paris; Paul veut aller à Bruxelles où il aura besoin de 100 fr. ; il verse 100 fr. à Pierre et Pierre s'oblige à lui faire tenir semblable somme à Bruxelles. Pierre remettra donc à Bruxelles 100 fr. à Paul, ou bien écrira à son correspondant de Bruxelles de verser la somme à Paul. Cette lettre pourra être une simple *lettre de crédit*, ou bien revêtira certaines formes, renfermera certaines énonciations et s'appellera traite ou *lettre de change*.

Suivant l'opinion commune, la lettre de change fut inventée par les Juifs persécutés et chassés de France, en 1395.

La lettre de change supprime la distance. Elle a pu être appelée le *grand compensateur universel*. Elle est *à ordre*, c'est-à-dire qu'elle est cessible par voie d'*endossement*.

Supposons que deux négociants de Paris, Jacques et Louis, se rencontrent à l'occasion de leurs affaires. Jacques est créancier d'un négociant de Londres, Williams. Louis est débiteur d'un négociant de la même ville, John. Si la lettre de change n'existait pas, et en supposant les créances de 100 fr., Williams enverrait 100 fr. de Londres à Paris, et Louis enverrait également 100 fr. de Paris à Londres. La lettre de change supprime ces deux voyages inutiles d'espèces métalliques. Jacques écrira à son débiteur Williams :

Paris, le   187 .   B. P. F. 100.

A telle époque, il vous plaira payer, à l'ordre de Louis, la somme de cent francs, valeur reçue comptant.

                                        JACQUES.

A Williams, à Londres.

Voilà une lettre de change. Jacques en est le *tireur*, le débiteur Williams est le *tiré*, Louis, le *preneur*.

Louis, ayant en mains cette lettre de change, l'endossera à John :

Payez à l'ordre de John, valeur reçue en...

  Paris, le 187 .

        Louis.

Louis devient *endosseur*; il enverra la lettre de change à John qui sera le *porteur* et qui touchera le montant de sa créance, à Londres, chez Williams.

Il existe un commerce de lettres de change. Les banquiers sont généralement les intermédiaires entre l'offre et la demande. Sur chaque place de commerce, il y a des créanciers et des débiteurs d'autres places, pour suivre notre exemple, des créanciers et des débiteurs de Londres. En effet, Jacques offrira à un banquier une traite sur Londres et tirera sur Williams à l'ordre de ce banquier. Si Louis va chez ce banquier demander une traite sur Londres, le banquier endossera à l'ordre de Louis la traite de Jacques, et Louis enverra la lettre à son créancier, John.

John, le porteur, pourra présenter la lettre de change à Williams et lui demander s'il la paiera à l'échéance. Williams écrira : *accepté*, et signera. Il deviendra débiteur direct, *accepteur*, et la lettre de change prendra le nom d'*acceptation* de Williams.

Nous venons de voir un exemple de *change direct* entre les places de Londres et de Paris. En étudiant plus loin le cours du change, nous verrons que le change peut être contraire à l'une des places, à Paris, par exemple, si Paris doit 150, tandis que Londres ne doit que 100 à Paris.

Parlons maintenant du *change indirect*. Prenons l'hypothèse que nous venons de faire. Paris doit 150 fr. à Londres, tandis que Londres ne doit que 100 fr. à Paris. Mais Londres doit 50 fr. à New-York et New-York 50 fr. à Paris. La créance de New-York passant à Paris, l'équilibre est rétabli. Il existe deux moyens pour faire payer par le change indirect, 50 fr., excédant de la dette de Paris à Londres, et éviter le voyage circulaire d'une somme d'argent de Paris à Londres, de Londres à New-York, de New-York à Paris :

Premier moyen. — Réalisons d'abord notre hypothèse par des personnifications :

Paris-débiteur   doit 50 à Londres-créancier.
Londres-débiteur   doit 50 à New-York-créancier.
New-York-débiteur doit 50 à Paris-créancier.

New-York-créancier tirera une lettre de change sur Londres et la mettra en vente. New-York-débiteur l'achètera et l'endossera à Paris-créancier. Celui-ci la cédera à Paris-débiteur, qui écrira à Londres-créancier : cette lettre de change vous fera toucher 50 fr. chez Londres-débiteur, tiré de New-York-créancier. De la sorte, Londres-débiteur en payant éteindra trois dettes : la sienne, celle de New-York et celle de Paris.

Deuxième moyen : — New-York-débiteur dira à New-York-créancier : cédez le droit de faire traite sur Londres-débiteur à celui que je vous indiquerai ; il avertira Paris-créancier de tirer sur Londres-débiteur. Paris-créancier deviendra *tireur pour compte* (pour le compte de New-York-créancier, lequel sera le *donneur d'ordre*). New-York-créancier avertira Londres-débiteur que Paris-créancier tirera sur lui pour son compte à lui, New-York-créancier. Comme pour le premier moyen, Paris-créancier endossera à Paris-débiteur la lettre de change, et il l'aura ainsi libellée :..... *que passerez au compte New-York-créancier, suivant son avis.*

SECTION II

Du cours du change et des opérations de banque.

§ I. — *Du cours du change.*

Le prix des lettres de change est sujet aux variations du cours. Une lettre de change de 100 fr. payable à vue à Anvers peut se payer 100 fr. C'est ce qu'on appelle le *pair*. Elle peut se payer moins de 100 fr., au-dessous du pair, ou plus de 100 fr., par exemple 112 fr $^1/_2$. 12 centimes $^1/_2$ au-dessus du pair ; par conséquent avec une prime de 1/8, un huitième de franc en plus de la somme indiquée.

Parlons du change sur Londres. Cette place doit 100 à Paris et réciproquement. L'offre sera égale à la demande. On sera au pair, et le change sera indiqué 25, 21 (parce que la livre sterling vaut 25 fr. 21 cent). Si Londres devait 150, on tirerait à Paris 150 et la demande de traites sur Londres n'étant que de 100, ces traites se vendraient à perte, au-dessous du pair. Le change serait dit *favorable* à la place de Paris : il vaut mieux, en effet, être créancier que débiteur. Si Paris devait 200, ce serait l'in-

verse, le change serait *contraire*. Mais les variations du cours ne peuvent dépasser certaines limites. Si les traites tombent trop bas, les créanciers demanderont de l'argent; si elles mon-
tent trop haut, les débiteurs enverront de l'argent, qu'ils prendront, par exemple, à la Banque de France. .

La lettre de change peut être payable *à vue* ;
mais elle peut l'être aussi *à terme*, par exemple
à 90 jours. Le cédant doit tenir compte de l'intérêt, lorsqu'il reste un délai à courir, et cet
intérêt est calculé au taux de la place sur
laquelle la traite est payable, l'intérêt de Londres, s'il s'agit d'une traite sur Londres. Supposons que cet intérêt soit à un certain moment 6 0/0 ; si on peut avoir de l'argent à la
Banque de France à 4 0/0, on spécule en
achetant des traites sur Londres payables à un
certain délai.

On trouve le cours du change au *Journal of-
ficiel.* Ce tableau donne lieu à plusieurs observations. On y distingue les effets *courts*, payables immédiatement, et les effets *longs*, payables à terme. On y indique aussi un chiffre
maximum, offre des vendeurs d'effets de commerce, et un chiffre *minimum*, offre des acheteurs. Les prix sont en monnaie française.
Comme ils varient nécessairement, l'indication

en monnaie française s'appelle l'*incertain* ; le *certain*, c'est l'unité de monnaie étrangère, par exemple, la livre sterling, que l'on acquiert pour tel prix. Pour Berlin, le certain est 100 thalers, valant 370 fr. 34 ; pour Hambourg, 100 marcs, valant 188 fr.; pour Amsterdam, 100 florins, valant 214 fr., etc.

Il y a aussi les *changes intérieurs* entre les différentes villes de France. C'est simplement le taux de l'escompte, lorsque dans chaque place existe une succursale de la Banque de France. Dans le cas contraire, les banquiers perçoivent un change, font subir une perte qui varie suivant les places.

§ II. — *De quelques opérations de banque.*

Les effets de commerce ont un rôle semblable à celui de la monnaie, à raison de la facilité de leur transmission de main en main par voie d'ordre et de la sécurité apportée par la garantie de chaque endosseur. Cependant on ne peut payer tout le monde avec des effets de commerce ; il faut notamment de l'argent pour faire la paie des ouvriers. Puis, la solvabilité des signataires peut ne pas être connue, être douteuse. La création d'un effet de commerce ne répond pas toujours à une opération sérieuse. Des commerçants dont les affaires sont embarrassées font ce qu'on appelle des *circulations*, se font souscrire des *billets de complaisance*. Enfin, souvent l'effet de commerce est payable à terme. Le porteur qui a besoin d'argent a recours à l'*escompte*. Il est l'*escompté*; le banquier, l'*escompteur*.

D'après la loi limitative du taux de l'intérêt, l'escompte ne peut être que de 6 0/0 par an. Mais certains usages extensifs de cette loi doivent être admis. Ainsi, outre le *change* dont nous avons parlé, le banquier déduit une *commission* de 1/10, de 1/4 0/0. Il prend aussi l'*escompte en dehors*. Par exemple, pour un billet de 100 fr. à 90 jours, l'intérêt est 1 fr. 50, à 6 0/0, le banquier compte 98 fr. 50, retenant 1 fr. 50 ; il arrive ainsi qu'il a 1 fr. 50 pendant 90 jours, sans intérêt, tandis qu'un prêteur aurait réellement déboursé 100 fr. attendant trois mois pour toucher 1 fr. 50 d'intérêt.

Voici un exemple de bordereau d'escompte :

Négocié à M..., par Durand père et fils.

Paris, le 2 janvier 181 .

Fr. 8,000 : Lyon, 1er mars. 59 jours — 472,000/6,000

118 66 { 78 66 intérêts 6 %.

20 » change 1/4 sur Lyon

20 » commission 1/4

Fr. 7,881 31 Net produit.

Les banquiers doivent avoir un capital de garantie et un fonds de roulement qui leur permettent de faire l'escompte. Ils reçoivent de l'argent pour leurs clients, des dépôts, pour lesquels ils paient un faible intérêt. Ils auraient souvent la ressource d'escompter leurs effets à la Banque de France en réalisant encore un certain bénéfice.

La *Banque de France* remonte à l'année 1800. C'est une société anonyme privée, quoique son gouverneur soit nommé par le chef du pouvoir exécutif. Mais par les priviléges qu'elle a obtenus, par les lois qui la régissent, elle est devenue une institution d'État et représente le crédit public.

Ses priviléges consistent : 1° à émettre des billets payables au porteur et à vue, ayant cours forcé, dans les limites prévues par la loi; 2° à élever son escompte, lorsqu'il en est besoin, au-dessus de 6 0/0 (art. 8, L. 9 juin 1857).

Ordinairement la Banque de France escompte à un taux assez bas, sans droit de change ou commission. On peut se demander alors pourquoi des négociants continuent à avoir recours aux banquiers. C'est parce que, pour escompter un effet de commerce, la Banque exige qu'il soit revêtu de trois signatures. Lorsqu'un billet à ordre, par exemple, ne porte que la signature du souscripteur, le porteur, qui dans ce cas est le preneur du billet, est obligé de l'endosser à un banquier, ne peut le porter directement à la Banque de France.

La Banque de France a à sa disposition : 1° son capital immobilier et son capital-actions ; 2° les dépôts qui lui sont faits par le gouvernement ou par les particuliers (elle ne paie aucun intérêt pour ces dépôts ; mais elle se charge de faire gratuitement les recouvrements de ses clients dans les villes où elle a une succursale) ; 3° les billets.

Quand elle donne un billet de 100 fr. contre un effet de commerce de pareille somme, elle remplace cet effet de commerce par un autre. Mais le billet de banque a l'avantage d'être payable immédiatement au porteur, et par la Banque, dont la solvabilité est connue de tous.

La Banque hausse le taux de l'escompte, en cas de *crise*, lorsque le change est contraire à la France, parce que notre pays doit plus aux autres que ceux-ci ne lui doivent, soit qu'il y ait eu une perturbation politique, une guerre, soit qu'il y ait eu des achats inusités, une mauvaise récolte, un excès de fabrication encombrant l'industrie française, etc... Alors les espèces monnayées s'exportent, la circulation des billets de banque augmente ; les effets de commerce viennent gonfler le portefeuille de la Banque. Par l'élévation du taux de l'escompte, les capitaux étrangers sont attirés en France, et les négociants français exportent des marchandises pour se liquider.

Quand, au contraire, la Banque a peu d'effets en portefeuille et une encaisse métallique considérable, c'est qu'il y a *stagnation des affaires.*

SECTION III

De la lettre de change.

§ I. — *Création de la lettre de change.*

La lettre de change est tirée d'un lieu sur un autre. — Elle est datée. — Elle énonce : — la somme à payer ; — le nom de celui qui doit payer ; — l'époque et le lieu où le paiement doit s'effectuer ; — la valeur fournie en espèces, en marchandises, en compte ou de toute autre manière. — Elle est à l'ordre d'un tiers ou du tireur lui-même. — Si elle est par première, deuxième, troisième, quatrième, etc., elle l'exprime. (art. 110. C. co.)

Remise de place en place. — S'il n'y a pas

contrat de change, il n'y a pas véritable lettre de change et les principes applicables en cette matière ne le sont plus. La véritable lettre de change seule transforme les obligations civiles en obligations commerciales soumettant les signataires à la juridiction du tribunal de commerce. Mais il suffit que le contrat de change intervienne une fois.

Date (indiquant le *lieu* et le *jour* de la création de la lettre de change). — Cette date est utile pour fixer l'échéance, pour constater qu'il y a lieu remise de place en place, etc.

Somme à payer — Elle est ordinairement indiquée en toutes lettres dans le corps de la lettre de change ; de plus, au haut et à droite, on la retrouve en chiffres, précédée des initiales B. P. F. (bon pour francs).

Époque du paiement. — Article 129. — Une lettre de change peut être tirée à vue ; — à un ou plusieurs jours, à un ou plusieurs mois, à une ou plusieurs usances, de vue ; — à un ou plusieurs jours, à un ou plusieurs mois à une ou plusieurs usances, de date ; à jour fixé ou à jour déterminé ; en foire. — Article 130. — La lettre de change à vue est payable à sa présentation. — Article 131. L'échéance d'une lettre de change à un ou plusieurs jours, à un ou plusieurs mois, à une ou plusieurs usances de vue est fixée par la date de l'acceptation ou par celle du protêt faute d'acceptation.

(Le tiré peut aussi écrire sur l'effet : *vu tel jour*, et ce simple *visa* sert seulement à faire courir le délai, ne vaut pas comme acceptation.)

Article 132. — L'*usance* est de trente jours, qui courent du lendemain de la date de la lettre de change. — Les mois sont tels qu'ils sont fixés par le calendrier grégorien. — Article 133. Une lettre de change payable en foire est échue la veille du jour fixé pour la clôture de la foire, ou le jour de la foire, si elle ne dure qu'un jour. — Article 145. — Si l'échéance d'une lettre de change est à un jour férié légal, elle est payable la veille.

Lieu du paiement. — Ordinairement c'est le domicile du tiré, à moins qu'il n'y ait un *domiciliataire*, c'est-à-dire une personne au domicile de laquelle la lettre de change sera payable comme suit :

Amiens, le   187 .   B. P. F. 100.

A   , il vous plaira payer, par cette seule
de change, à l'ordre de Monsieur Dubois fils, la somme
de cent francs, valeur en compte, que passerez sans
autre avis.

CARTON.

Payable au domicile de
M. Bertrand, 123, faubourg Saint-Denis. — Paris.

Si le tireur craint que le tiré ne paie pas à l'échéance, il ajoute un second tiré chez lequel on se présentera, si le premier ne paie pas. Ce second tiré s'appelle recommandataire ou *besoin*.

Valeur fournie. — Il s'agit de la valeur fournie par le preneur au tireur, et non, ainsi que le pensent à tort bien des personnes, de la valeur fournie par le tireur au tiré. — La loi veut qu'on indique la valeur d'une façon suffisamment déterminée. Elle donne des exemples. — Les indications : *valeur entendue, valeur reçue, valeur suivant conventions*, ne seraient pas suffisantes.

La fausseté de l'indication de la valeur cache souvent le néant : il s'agit d'un effet tiré en l'air, d'un *cerf-volant*, comme disent les Anglais. Un semblable effet, comme un billet de complaisance, n'a aucune valeur. Toutefois, en ce qui concerne le billet à ordre, la nullité ne peut être opposée par le souscripteur au tiers porteur qui a ignoré le vice du titre.

Ordre. — La loi dit que la lettre de change peut être à l'ordre du tireur lui-même. Elle est alors conçue comme suit :... *il vous plaira payer à mon ordre, valeur en moi-même.* Il n'y a pas lettre de change avant le premier endossement, parce qu'il n'y a pas encore remise de place en place. Cette manière de procéder peut être utile en bien des cas, par exemple, lorsqu'on veut envoyer la lettre au tiré pour avoir son acceptation et profiter de son crédit. On pourrait laisser le nom du tiré en blanc ; mais cette autre façon de procéder aurait l'inconvénient de permettre à un voleur de s'approprier l'effet, sans avoir besoin de commettre un faux.

Lorsqu'un négociant a plusieurs maisons de commerce, il peut tirer de l'une de ses maisons sur une autre située dans une autre ville. Il est à la fois tireur et tiré ; mais le contrat de change existe.

On peut tirer *par ordre et pour le compte d'un tiers.* Nous en avons vu un exemple dans les notions générales.

Le tireur pour compte tire cependant en son propre nom, parce que le donneur d'ordre n'est pas connu sur la place. Il peut même se faire que le preneur et les endosseurs ignorent la convention intervenue et soient simplement en rapport avec le tireur pour compte. Le donneur d'ordre, afin de ménager son crédit, peut ne pas vouloir de papier en circulation à son nom sur sa propre place.

Paul, à Amsterdam, doit 100 fr. à John, à

Londres, et Pierre, à Paris, doit 100 fr. à Paul. John, tireur pour compte, tirera sur Pierre, pour Paul, donneur d'ordre :

... que passerez au compte P..., d'Amsterdam, suivant son avis.

John.

Monsieur Pierre, à Paris.

Lettre de change par première et deuxième. — La traite peut avoir plusieurs exemplaires. On agit ainsi, par exemple, pour éviter les chances de perte. Le second exemplaire est ainsi conçu :

... veuillez payer par cette seconde de change, la première ne l'étant,...

La première est envoyée chez un banquier qui la fait revêtir de l'acceptation et la garde à la disposition du porteur muni de la seconde. Le porteur ayant en mains les deux lettres (la seconde porte les endossements successifr) se présentera chez le tiré.

Retour sans frais. — L'effet de cette clause, laquelle est exprimée plus simplement encore par les deux mots *sans frais*, est d'éviter les frais au tiré négligent, notamment les frais de protêt.

Simples promesses. — La loi entend par ces mots les obligations purement civiles n'en traînant pas la compétence du tribunal de commerce et les autres effets attachés à la qualité de la créance résultant d'une lettre de change.

Article 112. — Sont réputées simples promesses toutes lettres de change contenant supposition soit de nom, soit de qualité, soit de domicile, soit des lieux d'où elles sont tirées ou dans lesquelles elles sont payables. — Article 113. — La signature des *femmes*, et des filles *non négociantes ou marchandes publiques* sur lettres de change, ne vaut, *à leur égard*, que comme simple promesse. — Article 114. — Les lettres de change souscrites par des mineurs non négociants sont nulles à leur égard, sauf les droits respectifs des parties, conformément à l'article 1312 C. co.

Timbre. — L'impôt du timbre est proportionnel au montant de la lettre de change. Il est actuellement de 15 cent. pour 100 fr. ou fraction de 100 fr., jusqu'à 1000 fr. A partir de 1000 fr., il faut ajouter 1 fr. 50 cent. par 1000 fr. ou fraction de 1000 fr. (L. 19 février 1874, art. 3).

Une amende de 6 0/0 du montant de la lettre de change est édictée contre le tireur, le preneur et l'accepteur, avec solidarité entre eux, de façon que chacun d'eux peut être obligé de payer 18 0/0. Une amende de 6 0/0 atteint celui qui encaisse ou fait encaisser une traite non timbrée. (L. 5 juin 1850).

Mais, en cette matière, ne s'applique pas le *droit de quittance* de 10 cent.

Sont soumis au droit de timbre proportionnel : les billets, obligations, délégations, et tous mandats non négociables, quelle que soit d'ailleurs leur forme ou leur dénomination, *servant à procurer une remise de fonds de place en place.* (L. 19 février 1874, art. 4).

Enregistrement. — Cet impôt n'est perçu que lors de l'assignation, si le tiré a refusé acceptation ou paiement. Il est de 25 cent. 0/0 (L. 16 avril 1816, art. 50).

§ II. — *Transmission de la lettre de change.*

Nous connaissons la forme de l'endossement. Il comporte cinq éléments : 1° la clause à ordre ; 2° le nom du cessionnaire ; 3° l'indication de la valeur fournie ; 4° la date ; 5° la signature de l'endosseur.

La clause à ordre peut se trouver non-seulement sur la lettre de change et le billet à ordre, mais encore sur les récépissés et warrants des magasins généraux, les chèques, les connaissements, les lettres de voiture, les factures, les polices d'assurances, les actions et obligations de diverses compagnies.

L'endossement régulier a pour effet principal de transférer la propriété du cédant au cessionnaire.

Mais l'endosseur peut avoir un autre but que celui de céder la propriété de l'effet de commerce; il peut le transmettre pour faire exécuter un mandat : c'est *l'endossement de procuration*. Ainsi, un effet peut être endossé à un banquier, lequel se charge du recouvrement; il présentera l'effet à l'échéance, fera faire le protêt, s'il y a lieu. Si ce banquier vient à tomber en faillite, son mandant pourra revendiquer l'effet.

L'endosseur peut encore avoir pour but de donner l'effet en gage, ce qu'il exprime par les mots : *valeur en garantie*.

Prenons le cas le plus ordinaire, celui de la transmission de la propriété. Cette propriété est transmise sans réserve et quelquefois a plus de force entre les mains du cessionnaire qu'en celle du cédant. En effet, supposons que le porteur d'une lettre de change devienne débiteur du tiré, lequel pourrait invoquer contre lui la *compensation;* l'endossement a lieu cependant ; le tiré ne pourra pas opposer la compensation au nouveau porteur.

En général, le porteur de bonne foi ne doit pas être victime du vice du titre, à moins qu'il ne s'agisse d'une signature fausse, ou extorquée par violence ou émanée d'une personne incapable.

L'endosseur garantit le paiement à l'échéance, à moins d'une clause formelle de *non-garantie*.

Si l'endossement ne renferme pas toutes les énonciations voulues par la loi (date, valeur fournie, nom du cessionnaire), il n'opère pas le transport; il n'est qu'une procuration (art. 137 et 138). Celui au profit duquel il a été fait peut cependant, *en vertu du mandat* illimité qu'il a ainsi reçu, toucher le montant de la lettre de change ou la céder par un endossement régulier.

Il est défendu d'antidater les ordres, à peine de faux (art 139). La sévérité de la loi s'explique, parce qu'en matière de faillite, l'antidate pourrait faire payer certains créanciers au détriment des autres.

Tous ceux qui ont signé, accepté ou endossé une lettre de change sont tenus à la *garantie solidaire* envers le porteur (art. 140).

§ III. — *Mesures à prendre pour assurer le paiement de la lettre de change à l'échéance.*

Provision. — Le tireur s'est engagé à faire payer par le tiré le montant de la lettre de change. Il doit mettre le tiré à même d'effectuer ce paiement : il doit fournir la *provision*. Il y a provision, si, à l'échéance, le tiré est redevable au tireur ou au donneur d'ordre d'une somme au moins égale au montant de la lettre de change (art. 116). Ainsi, lorsque la lettre de change est tirée pour le compte d'autrui, c'est le donneur d'ordre qui doit faire la provision. Le tireur pour compte est considéré comme un commissionnaire, à l'égard des endosseurs et du porteur ; aussi est-il tenu de les garantir (art. 115).

Acceptation. — Le tireur et les endosseurs sont obligés de faire *accepter* la lettre de change par le tiré, si le porteur le demande (art. 118). Le tiré a vingt-quatre heures, après la remise de l'effet, pour le renvoyer, accepté ou non, sous peine de tous dommages-intérêts. S'il accepte, il écrit : *accepté*, et signe. S'il y a un délai de vue, il mentionne la date. Dès qu'il a accepté, le tiré est en droit de conserver la provision. S'il n'accepte que pour une somme inférieure au montant de la lettre de change, il indique cette somme. Le porteur fait constater le refus d'acceptation, soit pour la somme entière, soit, au cas d'acceptation partielle, pour la somme non acceptée. C'est le *protêt faute d'acceptation* (art. 119). En ce cas, le porteur a le droit d'exiger une *caution* valable ; il s'adresse à son cédant, lequel s'adresse au sien, et ainsi de suite jusqu'au tireur. Tout obligé peut, au lieu de fournir caution, effectuer le paiement de tout ce qui est dû (art. 120.)

Certaines traites ne doivent pas être présentées à l'acceptation. Elles reçoivent le nom usuel de *mandat*. En voici un exemple :

Paris, le   187 .   B. P. F. 1,600.

Le 31 décembre prochain, veuillez payer contre ce mandat non acceptable, à l'ordre de Monsieur Bourgeois, la somme de seize cents francs, valeur en compte, que passerez suivant avis de... sans frais.

LATOUR.

Monsieur Renard, à Nesle (Somme).

Lors du protêt faute d'acceptation, la lettre de change peut être acceptée par un tiers intervenant pour le tireur ou pour l'un des endosseurs. L'intervention est mentionnée dans l'acte de protêt ; elle est signée par l'intervenant. L'intervenant est tenu de notifier sans délai son intervention à celui pour qui il est intervenu (art. 126 et 127).

C'est ce qu'on appelle *acceptation par intervention*. Si l'intervenant n'indique pas spécialement l'un des obligés, son intervention profite à tous.

Le *porteur* de la lettre de change *conserve tous ses droits* contre le tireur et les endosseurs, à raison du défaut d'acceptation par celui sur qui la lettre était tirée *nonobstant toutes acceptations par intervention* (art. 128).

Aval. — L'aval est le cautionnement donné sur une lettre de change :

Bon pour aval.
(Signature.)

Le cautionnement d'une obligation résultant d'une lettre de change peut aussi être fourni par acte séparé.

Sauf conventions contraires, le donneur d'aval est tenu solidairement et par les mêmes voies que le tireur et les endosseurs (art. 142).

§ IV. — *Époque de l'échéance et paiement de la lettre de change.*

Premier cas. Le porteur est payé — Le *paiement* est le mode ordinaire, normal d'extinction des obligations constatées par la lettre de change.

La lettre de change doit être rigoureusement payée à l'échéance (art. 157).

Art. 143. — Une lettre de change doit être payée dans la monnaie qu'elle indique. — Art. 144. — Celui qui paie une lettre de change avant son échéance est responsable de la validité du paiement. — Art. 145. — Celui qui paie une lettre de change à son échéance et sans opposition est valablement libéré. — Art. 146. — Le porteur d'une lettre de change ne peut être contraint d'en recevoir le paiement avant l'échéance. — Art. 147. — Le paiement d'une lettre de change fait sur une seconde, troisième, quatrième, etc., est valable, lorsque la seconde, troisième, quatrième, etc., porte que ce paiement annule l'effet des autres. — Art. 148. — Celui qui paie une lettre de change sur une seconde, troisième, quatrième, etc., sans retirer celle sur laquelle se trouve son acceptation, n'opère point sa libération, à l'égard du tiers porteur de son acceptation. — Art. 149. — Il n'est admis d'opposition au paiement qu'en cas de perte de la lettre de change ou de la faillite du porteur.

Les articles 150 à 155 traitent du cas de *perte* de la lettre de change. Le Code de commerce s'occupe ensuite du *paiement par intervention :*

Art. 158. — Une lettre de change protestée peut être payée par tout intervenant pour le tireur ou pour l'un des endosseurs. L'intervention et le paiement seront constatés dans l'acte de protêt ou à la suite de cet acte. — Art. 159. — Celui qui paie une lettre de change par intervention est subrogé aux droits du porteur, et tenu des mêmes devoirs pour les formalités à remplir. Si le paiement par intervention est fait pour le compte du tireur, tous les endosseurs sont libérés. — S'il est fait pour un endosseur, les endosseurs subséquents sont libérés. — S'il y a concurrence pour le paiement d'une lettre de change par intervention, celui qui opère le plus de libérations est préféré. — Si celui sur qui la lettre était originairement tirée, et sur qui a été fait le protêt faute d'acceptation, se présente pour la payer, il sera préféré à tous autres.

Deuxième cas. **Le porteur fait les diligences indiquées par la loi et le tiré ne paie pas.**

Le porteur exercera son recours contre tous les signataires, par conséquent, contre le tiré lui-même, s'il a accepté, tous ses obligés solidaires.

Mais voyons d'abord ce qu'a dû faire le porteur.

Si le titre était à vue ou à un délai de vue, il a dû le présenter dans les trois mois de la date de sa création.

Il a dû exiger le paiement le jour de l'échéance, (art. 160 et 161).

Il a dû, le lendemain de l'échéance, faire faire le protêt faute de paiement, constatation authentique du refus du tiré, acte d'un notaire ou d'un huissier (ordinairement d'un huissier).

En cas de faillite de l'accepteur, le porteur peut faire protester avant l'échéance (art. 163).

Le *protêt*, fait par original et par copie, contient la copie de la lettre de change avec toutes ses énonciations, puis le procès-verbal des actes de l'huissier. Il doit être signifié au tiré ou à son domicile, lors même qu'il y aurait un domiciliataire, au besoin indiqué par le tireur, à l'accepteur par intervention.

L'huissier doit être porteur de la lettre de change, pour le cas où le paiement serait offert.

Le porteur doit *notifier le protêt* à ceux contre lesquels il veut recourir et les *assigner*, le tout dans la quinzaine du protêt. En pratique, le même acte contient la notification et l'assignation.

Dans le cas où existerait la clause : retour sans frais, le porteur a un délai moral pour avertir amiablement les endosseurs.

Les diligences accomplies, il peut se produire ce que nous avons déjà signalé, un paiement par intervention, l'intervenant voulant *faire honneur à la signature* de l'un des obligés. Il peut se faire aussi que le tireur, que l'un des endosseurs rembourse amiablement tout ce qui est dû au porteur. En ce cas, la lettre de change sera retournée à celui qui paie, accompagnée du protêt et d'un compte des frais dit *compte de retour*. Le porteur fera souvent une nouvelle traite, qu'il pourra escompter chez son banquier. Il s'opérera ainsi un nouveau contrat de change, un *rechange*. On appelle encore rechange la perte que le banquier fera subir à l'escompté. Le nouveau titre s'appelle *retraite*.

Cette matière a été réglée par un *décret du 24 mars* 1848, lequel a eu pour but de faire cesser les abus du compte de retour.

Art. 178 (modifié par le décret). — La retraite comprend, avec le bordereau détaillé et signé du tireur (de la retraite) seulement, et transcrit au dos du titre : 1° le principal du titre protesté ; 2° les frais de protêt et de dénonciation, s'il y a lieu ; 3° les intérêts du retard ; 4° la perte de change ; 5° le timbre de la retraite. L'intérêt est pris à 6 0/0 du jour du protêt au jour de l'échéance de la retraite.

Art. 179 (modifié par le décret). — Le rechange se règle pour la France continentale uniformément comme suit : un quart pour cent, pour les chefs-lieux de département ; demi pour cent sur les chefs-lieux d'arrondissement ; trois quarts pour cent sur toute autre place. En aucun cas, il n'y aura lieu à rechange dans le même département. Les changes étrangers et ceux relatifs aux possessions françaises en dehors du continent seront régis par les usages du commerce.

Supposons une traite tirée par un négociant de Paris sur Amiens, endossée à Versailles, à Reims et à Vervins. Le porteur, à Amiens, non payé à l'échéance, fait protester le 20 octobre et tire une retraite sur Vervins.

Compte de retour et frais à une traite de 2,400 francs au 15 octobre..., tirée par..., de Paris, ordre..., sur... à Amiens :

Capital....................	2,400	»
Protêt....................	6	75
Port de lettres...........	1	25
Timbre....................	4	50
Intérêt...................	1	»
Rechange..................	12	»
	2,425	50

Dont je me rembourse en ma retraite de ce jour au 31 octobre sur..., de Vervins.

Amiens, le 20 octobre 187 .

X...

L'endosseur de Vervins rembourse la retraite et recourt contre l'endosseur de Reims, auquel il va demander 2,425 fr. 50 cent., plus 75 cent. de port de lettres et les intérêts à partir du 31 octobre, par un *bulletin* qu'il joindra à la retraite.

Ce bulletin comprendra en outre *un seul droit de rechange*. Mais lequel? — Nous pensons que ce doit être celui que l'endosseur a lui-même payé. L'endosseur de Reims aura son recours contre celui de Versailles, et le compte de retour ira ainsi grossissant jusqu'au tireur de Paris.

TROISIÈME CAS. **Le porteur a encouru une déchéance.** — Le porteur est déchu de tous droits contre les endosseurs, après l'expiration des délais : 1° pour la présentation de la lettre de change à vue ou à un délai de vue ; 2° pour le protêt faute de paiement ; 3° pour l'exercice de l'action en garantie (art. 168).

Mais il aura recours contre le tireur, à moins que l'existence de la provision chez le tiré soit démontrée. Si la faillite du tiré est intervenue avant l'échéance, ce fait peut avoir détruit la provision existante, et le tireur, dans ce cas, devra garantir le porteur.

Ce dernier aura recours contre le tiré, s'il y avait provision ; car le porteur est cessionnaire des droits du tireur sur la provision. Il peut encore avoir recours contre le tiré, si celui-ci a accepté et s'est rendu ainsi débiteur principal de l'obligation.

Déchéance fiscale. — Aux termes de l'article 5 de la loi du 5 juin 1850, le porteur d'une lettre de change non timbrée n'a d'action, en cas de non-acceptation, que contre le tireur, et en cas d'acceptation, contre l'accepteur et le tireur, si celui-ci ne justifie pas qu'il y avait provision à l'échéance. Si la clause *retour sans frais* existe, comme elle pourrait servir à éluder la loi, elle est atteinte de nullité.

Recours du tiré qui a payé sans avoir provision. — Le paiement ou même l'acceptation suppose la provision. Si réellement la provision n'existait pas, le tiré qui a cependant payé aura recours contre son mandant, le tireur.

Recours d'un obligé contre d'autres. — *L'endosseur qui a payé* a tous les droits du porteur contre le tiré (si celui-ci est obligé), contre le tireur et tous les endosseurs *qui le précèdent*. Mais il faut qu'il n'ait pas omis d'opposer une déchéance dont aurait été passible celui qu'il a payé, et qu'il exerce lui-même son recours dans le délai légal (quinzaine à partir du jour où il a été *touché par l'assignation*). Dans le cas de paiement amiable, le plus ordinaire, le point de départ est le lendemain du jour de ce paiement.

En cas de négligence, l'endosseur n'a d'action que contre le tireur, s'il n'a pas fait la provision.

Le donneur d'aval ou aval, l'accepteur, le payeur par intervention, la caution, ont leur recours contre celui en faveur de qui ils se sont obligés et contre tous ses garants.

SECTION IV

Du billet à ordre.

Toutes les dispositions relatives aux lettres de change et concernant l'échéance, l'endossement, la solidarité, l'aval, le paiement, le paiement par intervention, le protêt, les devoirs et droits du porteur, le rechange ou les intérêts, sont applicables au billet à ordre, sans préjudice des dispositions relatives aux cas prévus par les articles 636, 637 et 638 (art. 187).

Il existe *trois différences* entre la lettre de change et le billet à ordre :

1° Dans le billet à ordre le tireur et le tiré se confondent dans la personne du *souscripteur*.

2° Il n'y a pas remise de place en place, hormis pour le billet qui porte spécialement le nom de *billet à domicile*, créé dans un endroit et payable dans un autre, assimilé par la jurisprudence au billet à ordre.

3° Le billet à ordre ne transforme pas une obligation civile en une obligation commerciale.

Cependant dès que sur un billet à ordre se trouve la signature de quelqu'un qui est tenu commercialement, le tribunal de commerce est compétent à l'égard de tous. — La loi a voulu diminuer les frais et surtout éviter la contrariété possible entre des décisions judiciaires.

Au point de vue fiscal, le porteur d'un billet à ordre non timbré n'a de recours que contre le souscripteur. — Le droit d'enregistrement payable au cas de production en justice du billet à ordre, est de 50 cent. 0/0, tandis que les lettres de change ne paient que 25 cent. 0/0.

SECTION V

De la prescription.

Toutes actions relatives aux lettres de change et à ceux des billets à ordre souscrits par des négociants, marchands ou banquiers, ou pour faits de commerce, *se prescrivent par cinq ans*, à compter du jour du protêt ou de la dernière poursuite juridique, s'il n'y a eu condamnation, ou si la dette n'a été reconnue par acte séparé. — Néanmoins les prétendus débiteurs seront tenus, s'ils en sont requis, d'affirmer, sous serment, qu'ils ne sont plus redevables ; et leurs veuves, héritiers ou ayants cause, qu'ils estiment de bonne foi qu'il n'est plus rien dû (art. 189).

Ainsi, le point de départ de cette prescription est le jour où a été fait ou bien où aurait dû être fait le protêt.

Deux causes *interrompent* cette prescription :

1° Une poursuite en justice ;

2° Une reconnaissance par acte séparé.

S'il intervient une condamnation, ou bien si la reconnaissance a pour but de remplacer l'obligation résultant de l'effet de commerce par une obligation ordinaire, la prescription de droit commun (trente ans) prend cours au lieu d'une prescription de ciuq ans.

SECTION VI

Des comptes-courants.

Lorsque les personnes sont en relation d'affaire, elles peuvent régler chaque opération isolément, ou laisser entre elles un compte à établir dès que l'une le demandera. Ce sera alors un simple compte régi par les règles ordinaires, que nous connaissons.

Elles peuvent aussi convenir qu'il y aura entre elles *compte-courant.* Elles limiteront elles-mêmes, soit expressément, soit tacitement d'après les circonstances, les effets qu'elles attachent à cette *convention spéciale*, très-usitée dans le commerce.

Voici les effets que produit, en général, le compte-courant :

1° Les *intérêts* courent de plein droit pour toute somme portée au compte.

2° *Tant que le compte n'est pas arrêté*, que la balance n'est pas faite, personne n'est *créancier ni débiteur :* chacun peut disposer des valeurs qu'il reçoit.

3° Le compte-courant forme un tout *indivi-*

sible : chaque créance se confond dans l'ensemble du compte, et la véritable, l'unique créance résulte, balance faite, du solde créditeur. C'est donc le solde qui peut faire l'objet de poursuites judiciaires, de saisies-arrêts, etc., qui peut donner lieu à une compensation, etc.

4° L'inscription au compte-courant forme un *titre nouveau* qui peut transformer complétement le caractère de l'obligation primitive. Ainsi, une créance civile portée dans un compte-courant commercial contribue à former un solde qui est une créance commerciale. Ainsi encore, la prescription de cinq ans, qui atteindrait une créance d'intérêts ou une créance résultant d'une lettre de change, ne peut s'appliquer au solde, prescriptible seulement par trente ans.

5° Les effets de commerce remis en compte-courant ne sont ordinairement portés au crédit du remettant que *sauf encaissement*. Le résultat de cette clause est qu'en cas où l'effet est impayé, il y a lieu à un *contrepassement d'écritures :* le montant de l'effet est porté au *débit* du remettant, lequel avait contracté une dette conditionnelle, au moment de l'inscription du montant de l'effet à son crédit, s'était soumis par avance à être à son tour porté débiteur du montant de la remise. A raison de ce principe, le résultat que nous venons d'indiquer doit se produire même au cas de faillite de l'une et de l'autre partie.

Le solde est *exigible* au moment convenu. La balance faite, le compte arrêté, un autre compte s'ouvre souvent et le solde de l'ancien est quelquefois le premier article de ce nouveau compte. Le solde comprend des intérêts. On voit donc se produire des *intérêts des intérêts*.

Le compte-courant peut intervenir entre un banquier et un négociant, en exécution d'une *ouverture de crédit* faite par le banquier. Pour garantie de ce crédit ouvert jusqu'à concurrence d'une somme déterminée, le *créditeur* exige souvent une hypothèque du *crédité*, et, dans ce cas, l'acte d'ouverture de crédit est un acte notarié. Le banquier perçoit les escomptes, changes et commissions d'usage. A chaque arrêté de compte, c'est-à-dire, tous les trois mois, ou tous les six mois, il est d'usage de prélever un nouveau droit de commission : on considère la continuation du crédit comme un *crédit nouveau*. Plusieurs jurisconsultes cependant n'admettent pas la légitimité de cette pratique.

Quelquefois, les intérêts courent à 6 0/0 au profit du banquier, et sont à un taux moins élevé au profit du crédité.

9.

Examinons un compte-courant arrêté, supposons-le, le 31 décembre, entre Ravel, banquier, et Dubois, négociant. Cette date du 31 décembre s'appelle *époque*, en style commercial.

Voyons maintenant le *doit* de Dubois sur le livre de son banquier.

Ravel a payé, le 15 novembre, 8,000 fr. pour le compte de Dubois, et a, en conséquence, inscrit :

Payé, pour le compte de Dubois, *valeur du 15 novembre*, 8,000 fr.

Le 31 décembre, les intérêts à 6 0/0 seront dus pour 46 jours. 8,000 $\times$ 46 donne ce qu'on appelle *le nombre*, 368,000. Il faut diviser ce nombre par le capital qui à 6 0/0 produit 1 fr. d'intérêt par jour. — Ce capital est 6,000, si on prend l'année commerciale de 360 jours; 6,083, si on veut calculer plus exactement, en prenant l'année de 365 jours. — Dans le premier cas, on obtient pour 46 jours : $\frac{368000}{6000} =$ 61 fr. 33 d'intérêt.

On peut raisonner autrement :

Pour avoir l'intérêt pendant 360 jours, il faut multiplier le capital par $\frac{6}{100}$. Pour avoir l'intérêt par jour, il faut le multiplier par $\frac{6}{100\times360}$, ou $\frac{6}{36000}$, ou simplement $\frac{1}{6000}$, soit pour 46 jours $\frac{8000\times46}{6000}$, ou $\frac{368000}{6000} =$ 61 fr. 33.

Le 1ᵉʳ octobre, Dubois a tiré sur Ravel une traite de 2,000 fr., présentée à l'acceptation le 5 octobre et payée le 20. Dès le 5 octobre Ravel a inscrit les 2,000 fr. au débit de Dubois, *valeur au 20 octobre*; si la traite n'était payable que le 31 décembre, ce serait une *valeur à époque*.

De plus, le 1ᵉʳ janvier, Dubois devait pour solde du précédent compte 18,000 fr.

Mais, le 1ᵉʳ juillet, il a fait une remise de 15,000 fr. Comment établira-t-on le compte-courant entre Dubois et Ravel? Nous connaissons pour cela trois méthodes, sans compter la méthode très-simple et très-expéditive qui consiste à placer dans une colonne les intérêts de chaque somme, en se servant d'une *table de calculs tout faits*.

Première méthode : C'est la méthode dite des *soldes successifs*.

Le 1ᵉʳ juillet, jour où l'on doit inscrire une opération nouvelle, les 18,000 fr. du solde dû par Dubois ont porté intérêt pendant 182 jours : on écrit 182 dans la colonne des jours, et 3,276,000 dans celle des nombres. Ce même jour, 15,000 fr. ont été versés par Dubois; il n'y aura donc plus qu'un solde de 3,000 fr. portant intérêt. Le 20 octobre, 111 jours après, on inscrira 111 à la colonne des jours et 333,000 à celle des nombres. Ce même jour, le capital portant intérêt s'élève à 5,000 fr. par le paiement de la traite de 2,000 fr. pour le compte de Dubois. Le 15 novembre, on inscrira 26 à la colonne des jours, et 130,000 à celle des nombres. Ce même jour, le capital s'élève à 13,000 fr. par le paiement de 8,000 fr. fait pour le compte de Dubois. Le 31 décembre, pour clôturer le compte, on inscrira 46 à la colonne des jours et 598,000 à celle des nombres. Les nombres s'élèvent donc à 4,337,000, chiffre qu'il n'y a plus qu'à diviser par 6,000 pour obtenir les intérêts : 722 fr. 83 cent. Le dernier solde est donc 13,000 fr. en capital et 722 fr. 83 cent. en intérêts, soit 13,722 fr. 83 cent. que Dubois doit à Ravel.

Deuxième méthode : On fait produire intérêt à chaque somme portée au compte, soit au crédit, soit au débit, depuis le jour de l'encaissement jusqu'à l'époque de la clôture du compte.

Voici d'abord le *débit* de Dubois chez Ravel :

1877					
Janvier.	1	18,000	Solde du compte précédent. Valeur au 31 décembre.	365 (1)	6,570,000 (2)
Octobre.	5	2,000	N/ acceptation, valeur au 20 octobre.	73	146,000
Novembre.....	15	8,000	N/ payement, le 15 novembre.	47	376,000
		722	Intérêts sur 4,332,000, balance des nombres.		
		28,722			7,002,000
1878					
Janvier........	1	13,722	Solde du précédent, valeur du 31 décembre 1877.		

(1) Nombre de *jours*, du jour de la valeur à celui de l'époque.
(2) *Nombres* résultant de la multiplication des sommes par le nombre de jours.

Voici maintenant le *crédit* :

1877						
Juillet.	1	15,000			181	2,760,000
			Balance des nombres.......			4,332,000
		13,722	Solde débiteur à nouveau.			
		23,722				7,092,000

Sauf erreur ou omission.
Paris, le 3 janvier 1878.   RAVEL.

Si nous supposons que, le 10 décembre, Ravel a accepté une traite de 1,000 fr., tirée par Dubois, payable le 20 janvier 1878, il aura dû passer ainsi écriture de cette opération :

Décembre.	10	1,000	N/ acceptation, valeur au 20 janvier.	

Les intérêts ne devant courir qu'à partir du 20 janvier, il faut déduire les intérêts à partir du 31 décembre. On porte cependant 20 à la colonne des jours, 20,000 à celle des nombres; mais on les écrit à l'encre rouge : ce sont les *nombres rouges*, lesquels doivent être transportés du débit dans les additions du crédit; de même, l'inverse pourrait se produire pour une autre opération. La méthode suivante supprime cette complication.

Troisième méthode. : C'est la méthode *indirecte*. Elle suppose que les sommes ont toutes produit intérêt pendant la durée entière du compte. Pour réaliser cette idée, il suffira d'opérer sur la balance des capitaux du crédit et du débit. Mais il faut, en conséquence, pour chaque somme entrée en compte, *déduire* l'intérêt qu'elle aurait pu produire dès l'ouverture du compte, et qu'en réalité elle n'a pas produit. Ce sont les chiffres de cette déduction qu'on écrira dans la colonne des jours et dans celle des nombres.

Ainsi on n'a rien à inscrire pour le solde du compte précédent, lequel se trouve *à époque*.

Mais, le 1ᵉʳ juillet, 182 jours se sont écoulés depuis l'ouverture du compte, on inscrira au crédit :

| Juillet.. | 1 | 15,000 | Sa remise, le 1ᵉʳ juillet. | 182 | 2,730,000 |

Le 5 octobre, on inscrira au débit :

| | | 2,000 | N/ acceptation, valeur au 20 octobre, | 293 | 536,000 |

Le 15 novembre :

| | | 8,000 | N/ payement, le 15 novembre. | 319 | 2,553,000 |

La balance des capitaux donne 13,000. En conséquence, le chiffre des jours et celui des nombres, pour toute la durée du compte, donne... 365 et 4,745,000

A ce dernier chiffre, il faut ajouter celui des nombres du côté le plus faible......... 2,773,000

Ce qui fournit un total de............... 7,475,000
Dont il faut retrancher le chiffre des nombres du côté le plus fort, soit :
2,522,000 + 586,000 =.................. 3,730,000

On fait la balance....................... 4,337,000
On divise par 6,000,
Et on obtient les intérêts, 722 fr. 83 c.

L'avantage de cette méthode est de permettre de répartir tout le travail de la comptabilité sur l'année entière, puisqu'on peut, à chaque entrée de somme, inscrire le chiffre de jours et le nombre. Elle a le second avantage de supprimer les nombres rouges, puisque dans ce système tous les intérêts sont *à déduire.* — Enfin, l'époque de la clôture du compte n'a pas besoin d'être déterminée à l'avance.

Nous avons supposé le compte arrêté tous les ans ; mais ordinairement, il l'est tous les six mois ou même tous les trois mois.

SECTION VII

Des chèques.

Origine des chèques. — Les chèques sont d'importation anglaise. Ils sont en usage en Angleterre depuis 1780 et servent généralement à retirer tout ou partie des fonds déposés chez un banquier. Les banquiers font tous les recouvrements d'effets et payent tous les effets que leurs clients domicilient chez eux. Chaque déposant reçoit un *check-book* (ce que nous appelons carnet de chèque, ou *chéquier*), dans lequel se trouve un certain nombre de mandats préparés; une souche ou talon laissé à côté de chaque mandat permet de conserver ses énonciations. Quand le déposant veut payer quelqu'un, il détache le mandat ou *check*, y inscrit la somme qu'il demande au banquier de payer à telle personne, ou à son ordre, ou au porteur. Le déposant est le tireur et le banquier le tiré. Quelquefois on laisse la raison sociale de la maison de banque en blanc, n'écrivant que la finale.

and C°.

Le porteur peut remplir ce blanc, connaissant le nom de la maison de banque; mais un voleur ne pourrait profiter du chèque.

Lorsque le preneur et le tireur sont tous deux déposants, le banquier peut opérer le paiement au moyen d'un *virement* de compte.

Du clearing-house. — A Londres, le grand mouvement des capitaux est centralisé entre les mains d'une trentaine de banquiers, lesquels forment une sorte d'association, les *clearing-bankers*. Leurs employés se réunissent dans une maison de liquidation, *clearing-house*, au centre du quartier de la Banque. Chaque banquier y a son bureau. Son représentant fait la feuille de liquidation indiquant la situation de sa maison avec chacune des autres et avec l'ensemble des clearing-bankers. Les feuilles de liquidations partielles sont remises à l'inspecteur du clearing-house, mandataire de l'association, lequel établit la feuille de *liquidation générale*, portant en regard du nom de chaque banquier le montant de ce qui lui est dû et de ce qu'il doit. Un exemplaire de cette feuille dûment certifié est remis à la Banque d'Angleterre. Chaque clearing-banker, selon qu'il est débiteur ou créancier de l'ensemble de l'association, donne des ordres à la Banque d'Angleterre et y voit chaque jour son compte modifié suivant les résultats de ses opérations de la journée.

C'est également au clearing-house, depuis 1850, que se fait la liquidation des opérations des banquiers de province entre eux et avec les clearing-bankers. C'est ce qu'on appelle *country-clearing.*

Grâce à ce mécanisme, l'Angleterre réduit considérablement la quantité de numéraire nécessaire aux échanges. En 1874, elle a compensé ainsi 150 millions de livres sterling par semaine, ce qui fait pour l'année plus de 150 milliards.

Il existe à Paris, depuis 1872, une *chambre de compensation* qui s'efforce de marcher sur les traces du clearing-house de Londres.

Les chèques en France. — Déjà avant la loi du 14 juin 1865, on avait imité l'Angleterre, en créant des *récépissés.* Le récépissé est un reçu délivré par le déposant pour son banquier et contre la remise duquel le porteur recevra la somme indiquée. On voulut frapper d'un droit de timbre ce récépissé et à cette occasion s'éleva un débat d'où est sortie la loi de 1865. Cette loi exemptait de tout droit de timbre pendant dix ans les chèques-mandats. Les nécessités budgétaires nées de la guerre de 1870 n'ont pas permis au législateur de tenir sa promesse.

Voici un chèque du comptoir d'escompte de Paris non rempli par le déposant :

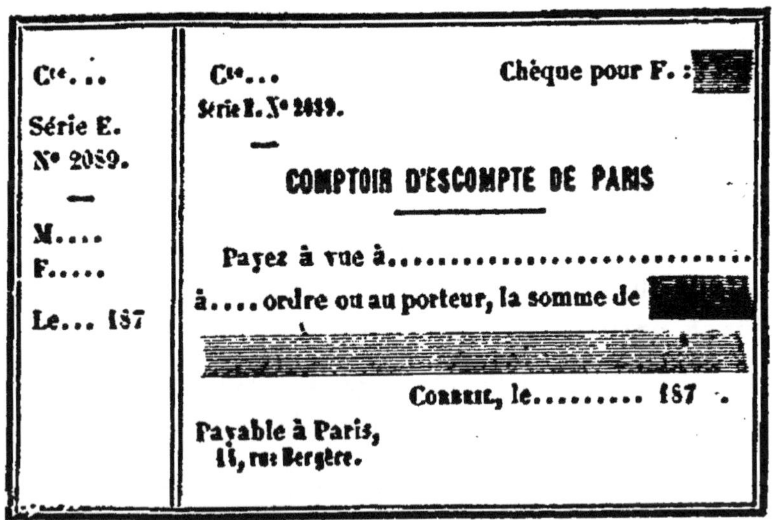

Voyons maintenant l'ensemble des dispositions de la loi actuellement en vigueur (L., 14 juin 1865 combinée avec la L. du 19 février 1874).

Au point de vue du timbre, il faut assimiler les chèques tirés hors de France sur France, ceux tirés en France de place en place et *sur une même place*. Tous sont soumis au timbre, les derniers au timbre de 10 centimes, les autres à celui de 20 centimes. Les chèques sur une même place doivent, avant tout usage par le tireur,

être revêtus de l'empreinte du timbre à l'extraordinaire. Le supplément de timbre de
10 centimes pour le chèque de place en place,
créé en France, pourra être acquitté au moyen
de l'apposition par le tireur des timbres mo-
biles en usage, au recto de ces chèques et à
côté de la signature de ce tireur, qui devra les
oblitérer. Si le chèque est tiré hors de France,
il faut qu'avant qu'il en soit fait aucun usage
en France, le bénéficiaire, le premier endosseur, le porteur ou le tiré, le fasse timbrer,
ou qu'il applique et oblitère des timbres mo-
biles à côté de sa signature.

Il faut, pour que les chèques ne soient pas
soumis au droit proportionnel comme effets
de commerce ordinaire, qu'ils portent : 1° l'indication du lieu d'où ils sont tirés; 2° *la date*
de leur émission *écrite en toutes lettres de la
main de celui qui écrit le chèque.* L'absence de
ces indications, ainsi que toute altération de
la vérité en ce qui les concerne, sont punies
d'amendes.

Le chèque ne peut, à peine d'amende, et
même, dans certains cas, de peines correctionnelles, être tiré que sur qui a provision
libre et suffisante pour le payer à présentation.

Il ne peut être tiré qu'à vue et il doit être
payé à présentation. Mais il peut être tiré

payable à personne dénommée, au porteur ou à ordre, et, dans ce dernier cas, être transmis par voie d'endossement même en blanc.

Il faut qu'il soit signé par le tireur.

A défaut de paiement à présentation, laquelle doit, à peine de déchéance pour le porteur de tous droits de recours, avoir lieu dans le délai de *cinq jours*, y compris le jour de la date, s'il s'agit d'un chèque tiré sur la même place, et de *huit jours*, y compris aussi le jour de la date, s'il s'agit d'autres chèques, le porteur conserve tous ses droits sur la provision ainsi que tous ses droits de recours en faisant protester et en procédant ainsi que le prescrit le Code de commerce pour les effets de commerce qui ne sont pas payés à l'échéance.

Le tiré qui paie doit, sous peine d'amende, exiger de celui qui reçoit un acquit daté et signé.

Différences entre le chèque et la lettre de change à vue. — 1° Le chèque ne commercialise pas l'obligation, lors même qu'il est tiré d'une place sur une autre.

2° Il ne peut être tiré sans provision;

3° Le porteur n'a qu'un bref délai (cinq ou huit jours) pour se présenter;

4° Le chèque n'implique pas *remise de place*

en place; il ne contient pas nécessairement la *clause à ordre;* il peut être cédé par un *endossement en blanc.*

SECTION VIII

Du gage commercial, des magasins généraux et des warrants.

§ I. — *Du gage commercial.*

Nous savons qu'une chose mobilière donnée en *nantissement,* comme garantie d'une créance, s'appelle *gage.* On donne en gage des marchandises, par exemple, envoyées en *consignation;* une créance, en la cédant, suivant les règles du droit civil; un effet de commerce, en l'endossant *valeur en garantie;* un titre nominatif, par un transfert, etc...

Nous avons vu que le commissionnaire qui fait des avances à son commettant est considéré par la loi comme créancier gagiste (art. 92).

La Banque de France prête sur diverses valeurs, notamment sur lingots d'or ou d'argent. Les *monts-de-piété* sont des établissements de prêts sur gages, jouissant d'un monopole, car on ne peut établir de maisons semblables sans autorisation (art. 411, C. pénal). Nous parlerons bientôt des *docks* ou magasins généraux, lesquels se combinent souvent avec l'institution des entrepôts et sont alors placés sous la surveillance de l'administration des douanes. Il existe aussi des *sous-comptoirs*, établissements de crédit qui escomptent, prêtent sur dépôt de marchandises.

Constitution du gage commercial. — Avant la loi du 23 mai 1863, qui a modifié les articles 91 et suivants du Code de commerce, il fallait nécessairement un acte écrit pour constituer le gage commercial, ce qui était une anomalie, puisque la vente commerciale s'établissait par toute espèce de preuves (art. 109). On applique maintenant l'article 109 du Code de commerce au gage commercial.

Mais quand le gage est-il *commercial?* — Quand la *convention principale* est elle-même commerciale, quand l'opération qu'il garantit est un acte de commerce de la part du débiteur.

Il est nécessaire que le créancier gagiste soit *nanti* du gage, pour avoir : 1° le droit de *rétention*, de retenir le gage jusqu'à complet paiement ; 2° le droit de le faire vendre si le paiement n'a pas lieu. Il faut que le gage ait été mis et soit resté en la possession du créancier ou d'un tiers convenu entre les parties.

Le créancier est réputé avoir les marchandises en sa possession, quand elles sont à sa disposition dans ses magasins ou navires, à la douane ou dans un dépôt public, ou si, avant qu'elles soient arrivées, il en est saisi par un connaissement ou par une lettre de voiture (art. 92).

Droits et devoirs du créancier gagiste en cas de non-paiement. — 1° Le créancier, à défaut de paiement à l'échéance, doit faire faire par acte d'huissier une *signification* au débiteur et au tiers bailleur du gage, s'il y en a un.

2° *Huit jours après cette signification*, il peut faire procéder à la réalisation du gage.

3° *La vente a lieu publiquement.* Les ventes autres que celles dont les agents de change peuvent seuls être chargés, sont faites par le ministère des courtiers (inscrits). Toutefois, sur la requête des parties, le président du tribunal de commerce peut désigner, pour y procéder, une autre classe d'officiers publics. Dans ce cas, l'officier public, quel qu'il soit, chargé de la vente, est soumis aux dispositions qui régissent les courtiers, relativement aux formes, aux tarifs et à la responsabilité (art. 93).

4° Toute clause qui autoriserait le créancier

à s'approprier le gage ou à en disposer sans les formalités prescrites est *nulle*. Ce serait ce qu'on appelle un *pacte commissoire*.

S'il s'agit d'un effet de commerce donné en gage, il est recouvrable par le créancier gagiste directement contre les obligés au paiement.

§ II. — *Des magasins généraux ou docks, des warrants.*

En Angleterre, on a appelé *docks*, d'abord les bassins artificiels construits pour recevoir les navires, puis les magasins élevés autour de ces bassins et destinés à contenir les marchandises. Dès le commencement de ce siècle, se formèrent à Londres des compagnies puissantes s'occupant de recevoir les marchandises dans les docks, de les décharger, d'emmagasiner les cargaisons, de conserver les marchandises en dépôt, de les livrer contre justification de la propriété et paiement des droits de douane, etc.

Grâce à ces établissements, le négociant n'a pas à s'occuper de la réception de la marchandise, de sa manutention, de son conditionnement, de l'acquit des droits. Par la remise qui lui est faite par l'établissement des docks de titres faisant preuve de sa propriété, récépissés et warrants, sa marchandise devient une valeur négociable, transmissible par voie d'endossement, pouvant être cédée ou donnée en nantissement avec une extraordinaire facilité.

La France a suivi l'Angleterre dans cette voie. Un décret du gouvernement provisoire, en date du 21 mars 1848, a décidé qu'il serait établi, sous la surveillance de l'État, à Paris et où besoin en serait, des *magasins généraux*, dans lesquels les commerçants pourraient déposer leurs marchandises contre des récépissés transmissibles par voie d'endossement.

Une *loi spéciale*, du 28 mai 1858, complétée par un décret du 12 mars 1859, est devenue le Code des magasins généraux. Nous renvoyons à son texte pour les détails.

La Compagnie des docks de Marseille est, en France, un établissement de ce genre des plus prospères.

Le magasin général délivre au déposant un *récépissé* qui est le titre de propriété de la marchandise et sur la même feuille, pouvant en être facilement détaché, un *warrant*, destiné à servir de titre au créancier gagiste.

Si le déposant veut transférer la propriété, il endosse les deux titres. S'il veut seulement constituer un gage, il endosse le warrant. Le premier endossement du warrant est transcrit sur les registres du magasin général, afin que le prêteur ait la certitude que nul ne pourra enlever le gage sans payer le montant de sa créance.

Voici le texte d'un warrant. Notre format nous empêche d'en donner le véritable aspect et les dimensions.

COMPAGNIE DES ENTREPOTS ET MAGASINS GÉNÉRAUX DE PARIS

WARRANT A ORDRE

Série B. N° 1323.

Il a été déposé par M demeurant à désignées :   les marchandises ci-après

Paris, le
Le Chef de bureau,   *Le Directeur,*

Il est endossé comme suit :

1er Endos.

BON pour transfert à l'ordre de M.

pour garantie de la somme de

intérêts compris.
Payables le
    Paris, le

    Vu et transcrit le présent endos au registre.
    Paris, le

Le Chef de bureau,
        Le Directeur,

Une loi du 31 août 1870 permet aux exploitants de magasins généraux de prêter sur nantissement de marchandises à eux déposées ou de négocier les warrants.

III

L'ASSOCIATION

CHAPITRE PREMIER

NOTIONS GÉNÉRALES SUR LES SOCIÉTÉS.

SECTION I

Du contrat de société.

La devise des sociétés pourrait être celle d'un pays voisin de la France : *L'union fait la force.* En général, les grandes entreprises ne peuvent réussir que grâce à l'association des capitaux et grâce aussi à l'intelligence qui assure un bon emploi à ces capitaux.

La *société* est définie par le Code civil : un contrat par lequel deux ou plusieurs personnes conviennent de mettre quelque chose en commun dans la vue de partager le bénéfice qui pourra en résulter (art. 1832). Le contrat de société peut embrasser dans son objet toute espèce de conventions; mais il faut, comme pour tout contrat, que sa cause soit *licite*, c'est-à-dire n'ait rien de contraire à l'ordre public, aux lois, aux bonnes mœurs. On ne pourrait, par exemple, s'associer pour faire l'usure ou la contrebande. Tout contrat de ce genre serait absolument nul.

Le caractère spécial du contrat de société, c'est le *but* cherché : le *partage des bénéfices* produits par la chose mise en commun. Chaque associé doit donc : 1° fournir un apport; 2° participer aux bénéfices ou aux pertes.

Chaque associé doit constituer un apport réel, une valeur qui devienne un instrument de gain ; il doit apporter dans la société ou de l'argent, ou d'autres biens, ou son industrie (art. 1833). Il est garant de la réalité de son apport. Si cet apport consiste en une somme d'argent, il doit les intérêts à compter du jour où il devait la verser dans la caisse sociale. Si sa mise est une industrie, par exemple, l'exploitation d'un brevet, il doit compte des gains obtenus à partir du jour où il devait apporter cette industrie.

Toute société doit être contractée pour l'intérêt commun des parties (art. 1833). Cette règle prohibe toute clause *léonine*, essentiellement contraire à tout esprit d'association. On sait que plusieurs fabulistes ont représenté le lion chassant, accompagné d'autres animaux, et, lorsqu'il s'agit de partager le produit de la chasse, s'emparant du tout, parce qu'il est le plus fort. — La convention qui donnerait à l'un des associés la totalité des bénéfices serait nulle. Il en est de même de la stipulation qui affranchirait de toute contribution aux pertes les sommes ou effets mis dans le fonds de la société par un ou plusieurs des associés (art. 1855).

La société *commence* au jour convenu, et, s'il n'y a pas de jour indiqué, au moment même où se forme le contrat. — S'il n'y a pas de convention sur la *durée de la société*, elle est censée contractée pour toute la vie des associés, ou, s'il s'agit d'une affaire déterminée, comme la construction d'un chemin de fer, pour tout le temps que demandera l'entreprise.

Dans le premier cas, il serait fâcheux de retenir à perpétuité dans une société quelqu'un qui désirerait en sortir; aussi, la loi autorise alors chaque associé *à renoncer* à faire partie de la société et à provoquer ainsi sa dissolution, pourvu que la renonciation ne soit pas intempestive ou faite de mauvaise foi. S'il y a, au contraire, un terme convenu, ou s'il s'agit d'une société dont la durée est limitée par son objet même, la simple renonciation ne sera pas admise et les tribunaux seront appelés à apprécier s'il y a de justes motifs de dissolution.

La perte du fonds social mettrait nécessairement fin à la société, puisqu'il n'y aurait plus une chose mise en commun et permettant d'espérer des bénéfices.

La faillite de l'un des associés, sa déconfiture ou son interdiction sont des événements qui ruinent complétement son crédit et lui enlèvent la confiance de ses associés ; ils entraînent, comme le décès, la dissolution de la société. Mais pour le cas de décès, il peut être convenu que la société continuera entre les associés survivants ou bien entre ceux-ci et les héritiers du décédé (art. 1865 et suivants).

SECTION II

Des différentes espèces de sociétés.

Le droit commercial n'a pas à s'occuper des *sociétés universelles*, mais des *sociétés particulières :* aux termes de l'article 1842, le contrat par lequel plusieurs personnes s'associent, soit pour une entreprise désignée, soit pour l'exercice de quelque métier ou profession, est une société particulière.

Les articles 1843 à 1864 forment le droit commun, en matière de société ; ils règlent : 1° les engagements des associés entre eux ; 2° les engagements des associés envers les tiers.

Afin d'éviter toute confusion dans les esprits, nous n'entrerons sur cette matière dans aucun détail. On ne doit recourir aux principes du droit civil qu'au cas de silence du Code de commerce. L'article 1873, qui termine le titre du contrat de société, au Code civil, est, en effet, ainsi conçu : « Les dispositions du présent titre ne s'appliquent aux sociétés de commerce que dans les points qui n'ont rien de contraire aux lois et usages du commerce. »

Notamment sur les deux points que nous venons d'énoncer, les principes de la loi commerciale sont tout différents de ceux admis en droit civil. Ce qu'il importe de connaître, c'est le fondement de la distinction entre les *sociétés commerciales*, que nous allons étudier, et les *sociétés civiles*, régies par le droit commun.

La société sera-t-elle commerciale parce que telle aura été la volonté des parties ? ou bien parce qu'elles auront adopté l'une des formes établies par le Code de commerce ? Nullement.

Pour décider si une société est civile ou commerciale, il faut voir son objet ; il faut rechercher si elle a un objet commercial, si elle se
livre à des actes commerciaux.

La société civile n'a pour objet que des actes
de droit commun, comme l'exploitation d'une
mine, des spéculations sur des immeubles.
Cette société pourra revêtir les formes commerciales, elle ne changera pas de nature.
L'emploi de ces formes pourra toutefois produire certains effets qui dépendent de la volonté des parties, relatifs à l'administration de
la société, aux obligations des associés à l'égard
des tiers. Quelques auteurs pensent même que,
dans ce cas, la société civile aura une existence
distincte, une personnalité propre, en dehors
de celle de chacun des associés.

Quant à la société commerciale, elle doit
toujours être considérée comme une *personne
morale :* c'est un être multiple, qui fait sa profession d'exercer habituellement des actes de
commerce.

Les conséquences du principe de la *personnalité* sont les suivantes :

1° La part ou l'intérêt de chaque associé,
quelle que soit la composition du fonds social,
est un droit *mobilier ;*

2° Les créanciers de la société ont action

sur le fonds social *de préférence* aux créanciers personnels des associés ;

3° Lorsque la société a une créance contre une personne tandis que l'un des associés est débiteur de cette même personne, ou bien lorsque la situation inverse se produit, le patrimoine de la société et celui de l'associé étant distincts, la *compensation* ne peut s'opérer.

4° La société peut se faire représenter par un administrateur, soit pour plaider, soit pour contracter.

Les sociétés commerciales se divisent en trois grands types :

Les sociétés en nom collectif ;

Les sociétés en commandite :

Les sociétés anonymes.

Dans les sociétés en nom collectif, tous les associés sont connus du public, et font le commerce sous un nom ou *raison sociale ;* ils sont obligés solidairement au paiement des dettes sociales.

Dans les sociétés en commandite, quelques-uns des associés sont obligés solidairement, comme dans les sociétés en nom collectif ; les autres, appelés *commanditaires,* ne sont engagés que jusqu'à concurrence de leur mise.

Dans les sociétés anonymse, il n'y a pas de raison sociale, c'est-à-dire qu'aucun des associés n'est *en nom*. La société est désignée par son objet, ou prend un nom de fantaisie, comme le *Phénix*, l'*Urbaine*..... Aucun n'est engagé au delà de sa mise.

Le capital de la société anonyme se divise en *actions*.

De même, une société en commandite peut avoir un capital divisé en actions. On distingue, en effet, la *commandite simple*, dans laquelle la mise de chaque commanditaire s'appelle *intérêt*, et la commandite par actions, dans laquelle le commanditaire ou *actionnaire* possède une ou plusieurs parts du fonds social, une ou plusieurs actions ou coupons d'action. Le caractère distinctif de l'*action*, c'est qu'elle est destinée à changer de main, à être transmise avec une grande facilité, par exemple, par un transfert sur les livres de la société ou même par la simple remise du titre.

Si nous reprenons chacun des trois types des sociétés, nous voyons que la société en nom collectif est surtout une *association de personnes :* les associés se connaissent tous et doivent avoir entre eux une mutuelle confiance ; ils sont tous connus du public, et engagés sur tous leurs biens ; une mauvaise administration peut causer une ruine totale. La société anonyme est une *association de ca-*

pitaux. Cette forme convient aux grandes entreprises faisant appel aux grands et petits capitalistes, et pour ainsi dire à la richesse nationale. La société en commandite est à la fois une association de personnes et une association de capitaux ; elle participe de la société en nom collectif et de la société anonyme, du moins quand son capital est divisé en actions.

CHAPITRE II

SOCIÉTÉS EN NOM COLLECTIF.

Nous savons que, dans la société en nom collectif, les associés sont personnellement et indéfiniment responsables des engagements pris au nom de la société sous la *raison sociale.* La raison sociale se compose des noms de tous les associés, ou de quelques-uns d'entre eux avec la mention : *et compagnie.* Elle ne peut contenir que des noms d'associés (art. 21).

Chaque associé ne peut céder sa place dans la société qu'avec le consentement de tous les autres et en restant obligé sur tous ses biens pour tous les actes antérieurs à sa sortie. Il pourrait seulement, sans le consentement de ses associés, s'associer un tiers (qu'on appelle en ce cas *croupier*) relativement à la part qu'il a dans la société (art. 1861 C. c.).

Les associés peuvent confier l'*administration* à un ou plusieurs gérants. Le gérant aura seul la signature sociale. Il n'est pas révocable, si ce n'est pour motif légitime, s'il a été nommé par l'acte constitutif de la société; révocable, au contraire, s'il a été nommé au cours de la société.

Le gérant a des pouvoirs très-étendus. Il ne peut toutefois, sans le consentement de tous les associés, vendre ou hypothéquer des immeubles, faire des donations, des remises de dettes, si ce n'est dans une faillite en accordant un concordat; contracter un emprunt, si ce n'est pour des sommes peu considérables, à courte échéance et dans les formes commerciales.

Les sociétés en nom collectif sont constatées ou par acte public ou par acte sous seing privé. Dans ce dernier cas, il faut autant d'originaux qu'il existe d'associés.

Voici un exemple d'*acte de société* en nom collectif :

Entre les soussignés, M. A. (p. q. et d.), d'une part, et M. B. (p. q. et d.), d'autre part,
Il a été convenu ce qui suit :

ART. 1. — Il est entre les susnommés constitué par les présentes une société en nom collectif ayant pour objet le commerce de...

ART. 2. — Cette société est contractée pour... années consécutives qui commenceront le... et qui finiront le...

ART. 3. — La raison de commerce sera A. et B. ; chacun des associés fera usage de cette signature sociale, mais seulement pour les affaires de la société.

ART. 4. — Le siége social est fixé à... dans une maison sise rue..., n°...

ART. 5. — Le capital social s'élèvera à la somme de...

ART. 6. — M. A. apporte en société : 1° sa clientèle présente ; 2° les marchandises actuellement en ses magasins, évaluées par les soussignés à la somme de... ; 3° une somme de..., à verser en espèces le..., jour fixé pour le commencement de la société.

ART. 7. — M. B. apporte une somme de..., à verser le même jour.

ART. 8. — M. A. sera spécialement chargé de la comptabilité et de la caisse ; M. B., des achats et des ventes.

Toute contestation portée devant les tribunaux, toute transaction, tous engagements d'employés, exigeront l'accord préalable des deux associés.

Les associés s'engagent à donner aux affaires de la société tout leur temps et toute leur industrie, s'interdisant formellement toute participation active à d'autres affaires.

ART. 9. — Les bénéfices et les pertes seront partagés par moitié.

Art. 10. — Chaque associé prendra à la caisse sociale.... francs par an pour ses dépenses personnelles.

Art. 11. — Les comptes des associés seront productifs d'intérêts au taux de six pour cent l'an.

Art. 12. — Chaque année, le..., il sera dressé un inventaire suivant les usages du commerce. Les bénéfices constatés seront laissés dans la société jusqu'à son expiration.

Art. 13. — Si deux inventaires consécutifs présentaient chacun une perte excédant le cinquième du capital social primitif, la société serait dissoute de plein droit. Il en serait de même si un seul inventaire présentait une perte du tiers du capital primitif.

Art. 14. — La société sera dissoute par le décès de l'un des associés. Les héritiers ou ayants cause seront tenus de s'en rapporter à la balance de son compte arrêté au dernier inventaire. Le survivant conservera si bon lui semble l'établissement avec le droit au bail, achalandage, et tous accessoires, à la charge de payer aux ayants droit de son associé décédé, dans un délai de..., avec intérêts à 6 % du jour du décès jusqu'au jour du paiement, la moitié de la valeur fixée par deux arbitres, nommés par les parties sinon par le président du tribunal de commerce, lesquels, en cas de dissentiment, s'adjoindront un troisième arbitre.

Art. 15. — Dans le cas de dissolution de la société pour un motif autre que le décès de l'un des associés, l'associé qui se retirera ne pourra prendre aucun intérêt dans un établissement du même genre dans un rayon de... kilomètres du siége social, à vol d'oiseau.

Art. 16. — La liquidation de la société devra être terminée un an après sa dissolution.

Fait double à... le...

CHAPITRE III

ASSOCIATIONS EN PARTICIPATION.

L'article 48 du Code de commerce range parmi les sociétés les associations en participation. Ces associations ont pour objet une ou plusieurs opérations de commerce; elles ne constituent pas des personnes morales : tout se règle entre les associés d'après les conventions qu'ils ont faites, lesquelles ne sont pas connues du public et ne peuvent en conséquence être opposables au tiers. De même, les opérations traitées par un seul des participants n'engagent que lui. Plusieurs maisons de commerce s'associent, par exemple, pour l'achat et la revente de la cargaison d'un navire. Cette opération, en dehors des affaires spéciales à chaque maison, fait l'objet d'une *participation*.

Les associations en participation ne sont

pas soumises aux formalités prescrites pour les autres sociétés. Leur existence se prouve par toute espèce de moyens : livres, correspondance, enquêtes (art. 49 et 50).

Voici un exemple d'*acte d'association en participation*.

Entre les soussignés, etc. :
Une société en participation est formée entre les susnommés pour l'achat et la revente de...
L'achat sera fait par M. A. aux conditions et aux prix qui lui paraîtront les plus avantageux ;
Les fonds nécessaires pour l'opération seront fournis par moitié par chacun des participants ;
La revente se fera par les soins de M. B.
La présente participation prendra fin aussitôt la vente terminée et les comptes seront immédiatement réglés.
Fait double à...., le...

Les commis *intéressés* ne sont pas les associés de leur patron, nous avons déjà eu l'occasion de le faire remarquer. Ils ne sont pas non plus des *participants*. Le tiers (nous venons de dire, le commis ou employé, parce que c'est le cas le plus ordinaire) auquel un commerçant accorde une part dans les bénéfices de sa maison, ne participe pas aux pertes ; il n'a aucune part non plus dans la gestion, et s'il a un droit de contrôle, c'est uniquement dans le but de s'assurer que son intérêt lui est exactement payé.

CHAPITRE IV

SOCIÉTÉS EN COMMANDITE.

SECTION I

Sociétés en commandite simple.

Ces sociétés se composent : 1° des *comman-dités*, lesquels, entre eux et à l'égard des tiers, sont des associés en nom collectif ; 2° des *commanditaires*, tenus seulement jusqu'à concurrence de leur mise.

La raison sociale ne peut comprendre que les noms des commandités.

Le commanditaire fait acte de commerce en promettant sa commandite, mais ne devient pas commerçant. Il ne peut faire aucun acte de gestion, même en vertu de procuration. Il n'a qu'un droit de surveillance, de contrôle et de conseil. Quand il s'est immiscé dans l'administration, les créanciers peuvent le rendre responsable des conséquences de ses actes, et, suivant les cas, il peut être complétement assimilé aux associés solidaires. Les tribunaux apprécient jusqu'à quel point son intervention a pu être dommageable.

Mais le commanditaire pourrait être lui-même en relations d'affaires avec la société qu'il commandite; il pourrait donc vendre, louer, prêter... Il pourrait encore, depuis la loi du 6 mai 1863, être l'employé de la société. Cette situation subalterne est exclusive de tout acte de gestion.

Il est à peine nécessaire de faire remarquer les différences qui séparent le commanditaire du bailleur de fonds ordinaire: le commanditaire est associé; il subit les chances de perte; il a droit à une part des bénéfices; il ne peut être remboursé de son capital qu'après le paiement de toutes les dettes sociales.

La forme de l'*acte de société en commandite simple* est la même que celle de la société en nom collectif.

Voici un exemple d'acte de ce genre :

Entre les soussignés, etc. ;
Une société en commandite est formée entre les sieurs A., B. et C., pour l'exploitation d'une manufacture de.... appartenant jusqu'à ce jour au sieur A; les sieurs A et B, en qualité d'associés solidaires, et le sieur C., en qualité de commanditaire.

11.

La société commencera le...; sa durée est fixée à... années.

Le siége social sera à..., à la manufacture.

M. A. apporte en société sa fabrique telle qu'elle se comporte, avec toutes ses dépendances, magasins, matériel et outillage, ainsi que les matières premières et les articles fabriqués existant à ce jour, le tout estimé d'accord entre les soussignés, en y comprenant la clientèle attachée à l'établissement, à la somme de...

M. B. s'engage à verser dans la caisse sociale, le..., la somme de...

M. C. s'engage à verser à la même époque, à titre de commandite, la somme de...

La raison sociale de ladite société sera A. B et Cie. Cette signature sociale appartiendra exclusivement au sieur A. La caisse et les livres seront tenus par le sieur B. Les achats et les ventes seront faits concurremment par les deux associés en nom, lesquels s'engagent à consacrer tout leur temps et toute leur industrie exclusivement aux affaires sociales.

M. A. prélèvera chaque année une somme de..., à charge pour lui de subvenir aux frais de réception des clients de la société.

MM. B. et C. prélèveront annuellement chacun une somme de...

Tous les six mois, il sera fait inventaire, et les bénéfices seront partagés par tiers entre les associés.

En cas de pertes, elles seront également supportées par tiers. Mais le sieur C., commanditaire, ne pourra jamais être tenu que jusqu'à concurrence de son apport.

En cas de décès du commanditaire, la société continuera de plein droit entre ses héritiers ou ayants cause et les associés solidaires.

(Voir pour les autres clauses à insérer la formule d'acte de société en nom collectif.)

Faite triple à... le...

SECTION II

Sociétés en commandite par actions.

Dans la commandite simple, le commanditaire a un *intérêt*, droit attaché à sa personne et qu'il ne doit pas céder. Dans la commandite par actions, au contraire, on a organisé, dès la formation de la société, la transmission facile des parts d'associés, des *actions*.

En général, on fait appel au public pour la souscription des actions. Ces actions sont égales, et les coupures telles qu'elles existent ne peuvent être divisées.

Les actions sont nominatives, ou à ordre, ou au porteur. L'acte de société règle la forme des actions et leur transmission. En principe, les actions sont négociables.

Il faut se garder de confondre les actions et les *obligations*. Lorsqu'une grande compagnie, une ville, etc., contracte un emprunt

important, elle s'adresse au public par l'émission d'obligations, espèces de billets à ordre
ou au porteur à longue échéance, productifs
seulement d'intérêts, et non pas de dividendes comme les actions.

Les sociétés en commandite par actions ont
pris en France un grand développement, et,
tout en rendant de grands services, ont en-
gendré une foule d'abus et causé beaucoup
de désastres. Le législateur dut s'efforcer
d'empêcher les épargnes du pays d'aller s'en-
gloutir dans les opérations organisées par des
agioteurs peu scrupuleux ou mal conduites et
mal surveillées. Ces dangers n'étaient pas à
craindre pour les sociétés anonymes, soumises à l'autorisation du gouvernement, dont
les statuts étaient examinés scrupuleusement
par le conseil d'État.

Après une loi sur les sociétés en commandite
par actions, du 18 juillet 1856, et une loi
sur les sociétés à responsabilité limitée, du
23 mai 1863, la loi du 24 juillet 1867 vint re-
fondre la législation existante, abrogeant les
lois que nous venons d'indiquer, rendre les
sociétés anonymes au régime de la liberté, en
supprimant pour la plupart d'entre elles la
nécessité de l'autorisation gouvernementale,
créer les sociétés à capital variable et régle-

menter à nouveau la publication des actes de société.

La législation nouvelle n'est pas complétement à l'abri de la critique, mais elle dresse beaucoup d'obstacles contre les entreprises de la fraude. Avant cette législation, les fondateurs de commandites se faisaient reconnaître des avantages considérables, constituaient des apports en grande partie fictifs ; puis, avant que la société eût pu sérieusement fonctionner, faisaient des inventaires mensongers, distribuaient des dividendes avec les premiers fonds versés sur le capital, déterminaient ainsi une hausse sur les actions, qu'ils s'empressaient de céder. — Les nouveaux porteurs d'actions se trouvaient en présence d'une ruine complète.

Le législateur a donc été obligé de réglementer avec beaucoup de soin : 1° la quotité des actions; 2° la vérification des apports ne consistant pas en espèces ; 3° la nomination d'un conseil de surveillance ; 4° l'époque de la constitution de la société; 5° la négociation des actions ; 6° leur conversion en actions au porteur; 7° la responsabilité des fondateurs.

Il a voulu que les dividendes fussent remis dans le fonds social lorsqu'ils auraient été distribués en l'absence d'inventaire ou contrairement aux résultats de l'inventaire.

Il a organisé *l'administration* de la société, au moyen des gérants, des assemblées générales, et de membres d'un conseil de surveillance, responsables, comme les gérants, dans les limites de leur mandat.

Nous ne pouvons, dans un ouvrage élémentaire, entrer dans tous les détails de la création et du fonctionnement d'une société en commandite par actions. Il nous suffira de mettre sous les yeux du lecteur le texte même du titre premier de la loi du 24 juillet 1867.

ART. 1. — Les sociétés en commandite ne peuvent diviser leur capital en actions ou coupons d'actions de moins de cent francs, lorsque ce capital n'excède pas deux cent mille francs, et de moins de cinq cents francs, lorsqu'il est supérieur.

Elles ne peuvent être définitivement constituées qu'après la souscription de la totalité du capital social et le versement, par chaque actionnaire, du quart au moins du montant des actions par lui souscrites.

Cette souscription et ces versements sont constatés par une déclaration du gérant dans un acte notarié.

A cette déclaration sont annexés la liste des souscripteurs, l'état des versements effectués, l'un des doubles de l'acte de société, s'il est sous seing privé, et une expédition s'il est notarié et s'il a été passé devant notaire autre que celui qui a reçu la déclaration.

L'acte sous seing privé, quel que soit le nombre des associés, sera fait en double original, dont l'un sera annexé, comme il est dit au paragraphe qui précède, à la déclaration de souscription du capital et de versement du quart, et l'autre res·tera déposé au siége social.

Art. 2. — Les actions ou coupons d'actions sont négociables après le versement du quart.

Art. 3. — Il peut être stipulé, mais seulement par les statuts constitutifs de la société, que les actions ou coupons d'actions pourront, après avoir été libérés de moitié, être convertis en actions au porteur par délibération de l'assemblée générale.

Soit que les actions restent nominatives, après cette délibération, soit qu'elles aient été converties en actions au porteur, les souscripteurs primitifs qui ont aliéné les actions et ceux auxquels ils les ont cédés avant le versement de moitié restent tenus au payement du montant de leurs actions pendant un délai de deux ans, à partir de la délibération de l'assemblée générale.

Art. 4. — Lorsqu'un associé fait un apport qui ne consiste pas en numéraire, ou stipule à son profit des avantages particuliers, la première assemblée générale fait apprécier la valeur de l'apport ou la cause des avantages stipulés.

La société n'est définitivement constituée qu'après l'approbation de l'apport ou des avantages, donnée par une autre assemblée générale, après une nouvelle convocation.

La seconde assemblée générale ne pourra statuer sur l'approbation de l'apport ou des avantages qu'après un rapport qui sera imprimé et tenu à la disposition des actionnaires, cinq jours au moins avant la réunion de cette assemblée.

Les délibérations sont prises par la majorité des actionnaires présents. Cette majorité doit comprendre le quart des actionnaires et représenter le quart du capital social en numéraire.

Les associés qui ont fait l'apport ou stipulé des avantages particuliers soumis à l'appréciation de l'assemblée n'ont pas voix délibérative.

A défaut d'approbation, la société reste sans effet à l'égard de toutes les parties.

L'approbation ne fait pas obstacle à l'exercice ultérieur de l'action qui peut être intentée pour cause de dol ou de fraude.

Les dispositions du présent article relatives à la vérification de l'apport qui ne consiste pas en numéraire ne sont pas applicables au cas où la société à laquelle est fait ledit apport est formée entre ceux seulement qui en étaient propriétaires par indivis.

Art. 5. — Un conseil de surveillance, composé de trois actionnaires au moins, est établi dans chaque société en commandite par actions.

Ce conseil est nommé par l'assemblée générale des actionnaires immédiatement après la constitution définitive de la société et avant toute opération sociale.

Il est soumis à la réélection aux époques et suivant les conditions déterminées par les statuts.

Toutefois le premier conseil n'est nommé que pour une année.

Aʀᴛ. 6. — Ce premier conseil doit, immédiatement après sa nomination, vérifier si toutes les dispositions contenues dans les articles qui précèdent ont été observées.

Aʀᴛ. 7. — Est nulle et de nul effet à l'égard des intéressés toute société en commandite par actions constituée contrairement aux prescriptions des articles 1, 2, 3, 4 et 5 de la présente loi.

Cette nullité ne peut être opposée aux tiers par les associés.

Aʀᴛ. 8. — Lorsque la société est annulée, aux termes de l'article précédent, les membres du premier conseil de surveillance peuvent être déclarés responsables, avec le gérant, du dommage résultant, pour la société ou pour les tiers, de l'annulation de la société.

La même responsabilité peut être prononcée contre ceux des associés dont les apports ou les avantages n'auraient pas été vérifiés et approuvés conformément à l'article 4 ci-dessus.

Aʀᴛ. 9. — Les membres du conseil de surveillance n'encourent aucune responsabilité en raison des actes de la gestion et de leurs résultats.

Chaque membre du conseil de surveillance est responsable de ses fautes personnelles, dans l'exécution de son mandat, conformément aux règles du droit commun.

Aʀᴛ. 10. — Les membres du conseil de surveillance vérifient les livres, la caisse, le portefeuille et les valeurs de la société.

Ils font, chaque année, à l'assemblée générale, un rapport dans lequel ils doivent signaler les irrégularités et inexactitudes qu'ils ont reconnues dans les inventaires, et constater, s'il y a lieu, les motifs qui s'opposent aux distributions des dividendes proposées par le gérant.

Aucune répétition de dividendes ne peut être exercée contre les actionnaires, si ce n'est dans le cas où la distribution en aura été faite en l'absence de tout inventaire ou en dehors des résultats constatés par l'inventaire.

L'action en répétition, dans le cas où elle est ouverte, se prescrit par cinq ans, à partir du jour fixé pour la distribution des dividendes.....

Art. 11. — Le conseil de surveillance peut convoquer l'assemblée générale, et, conformément à son avis, provoquer la dissolution de la société.

Art. 12. — Quinze jours au moins avant la réunion de l'assemblée générale, tout actionnaire peut prendre, par lui ou par un fondé de pouvoir, au siége social, communication du bilan, des inventaires et du rapport du conseil de surveillance.

Art. 13. — L'émission d'actions ou de coupons d'actions d'une société constituée contrairement aux prescriptions des articles 1, 2 et 3 de la présente loi, est punie d'une amende de cinq cents à dix mille francs.

Sont punis de la même peine:

Le gérant qui commence les opérations sociales avant l'entrée en fonctions du conseil de surveillance;

Ceux qui, en se présentant comme propriétaires d'actions ou de coupons d'actions qui ne leur appartiennent pas, ont créé frauduleusement une majorité factice dans une assemblée générale, sans préjudice de tous dommages-intérêts, s'il y a lieu, envers la société ou envers les tiers;

Ceux qui ont remis les actions pour en faire un usage frauduleux.

Dans les cas prévus par les deux paragraphes précédents, la peine de l'emprisonnement de quinze jours à six mois peut, en outre, être prononcée.

Art. 14. — La négociation d'actions ou de coupons d'actions dont la valeur ou la forme serait contraire aux dispositions des articles 1, 2 et 3 de la présente loi, ou pour lesquels le versement du quart n'aurait pas été effectué conformément à l'article 2 ci-dessus, est punie d'une amende de cinq cents à dix mille francs.

Sont punies de la même peine toute participation à ces négociations et toute publication de la valeur desdites actions.

Art. 15. — Sont punis des peines portées par l'article 405 du Code pénal, sans préjudice de l'application de cet article à tous les faits constitutifs du délit d'escroquerie :

1º Ceux qui, par simulation de souscriptions ou de versements ou par publication, faite de mauvaise foi, de souscriptions ou de versements qui n'existent pas, ou de tous autres faits faux, ont obtenu ou tenté d'obtenir des souscriptions ou des versements ;

2º Ceux qui, pour provoquer des souscriptions ou des versements, ont, de mauvaise foi, publié les noms de personnes désignées, contrairement à la vérité, comme étant ou devant être attachées à la société à un titre quelconque ;

3º Les gérants qui, en l'absence d'inventaires ou au moyen d'inventaires frauduleux, ont opéré

entre les actionnaires la répartition de dividendes
fictifs.

Les membres du conseil de surveillance ne sont
pas civilement responsables des délits commis par
le gérant.

Art. 16. — L'article 463 du Code pénal est applicable aux faits prévus par les trois articles qui
précèdent.

Art. 17. — Des actionnaires représentant le vingtième au moins du capital social peuvent, dans un
intérêt commun, charger à leurs frais un ou plusieurs mandataires de soutenir, tant en demandant qu'en défendant, une action contre les gérants
ou contre les membres du conseil de surveillance,
et de les représenter, en ce cas, en justice, sans
préjudice de l'action que chaque actionnaire peut
intenter individuellement en son nom personnel.

CHAPITRE V

SOCIÉTÉS ANONYMES.

SECTION I

Sociétés anonymes ordinaires.

Les sociétés anonymes, dispensées de l'autorisation du gouvernement, par l'article 21 de la loi du 24 juillet 1867, sont organisées sur le modèle des sociétés en commandite par actions, sauf les dispositions spéciales inhérentes à leur nature.

Le nombre des associés ne peut être inférieur à *sept*, ni descendre au-dessous de sept. La loi a voulu empêcher qu'on se servît de la forme anonyme pour faire des affaires sans importance considérable, en dehors de toute responsabilité personnelle.

L'*administration* de ces sociétés a été organisée au moyen des administrateurs, des assemblées générales et des commissaires du contrôle, lesquels jouent ici le rôle des membres du conseil de surveillance dans les sociétés en commandite par actions.

Nous faisons suivre ces quelques remarques du texte même du titre II de la loi du 24 juillet 1867.

Art. 21. — A l'avenir, les sociétés anonymes pourront se former sans l'autorisation du gouvernement.

Elles pourront, quel que soit le nombre des associés, être formées par un acte sous seing privé fait en double original.

Elles seront soumises aux dispositions des articles 29, 30, 32, 33, 34 et 36 du Code de commerce et aux dispositions contenues dans le présent titre.

Art. 22. — Les sociétés anonymes sont administrées par un ou plusieurs mandataires à temps, révocables, salariés ou gratuits, pris parmi les associés.

Ces mandataires peuvent choisir parmi eux un directeur, ou, si les statuts le permettent, se substituer un mandataire étranger à la société et dont ils sont responsables envers elle.

ART. 23. — La société ne peut être constituée si le nombre des associés est inférieur à sept.

ART. 24. — Les dispositions des articles 1, 2, 3 et 4 de la présente loi sont applicables aux sociétés anonymes.

La déclaration imposée au gérant par l'article 1er est faite par les fondateurs de la société anonyme ; elle est soumise, avec les pièces à l'appui, à la première assemblée générale, qui en vérifie la sincérité.

ART. 25. — Une assemblée générale est, dans tous les cas, convoquée à la diligence des fondateurs, postérieurement à l'acte qui constate la souscription du capital social et le versement du quart du capital, qui consiste en numéraire. Cette assemblée nomme les premiers administrateurs ; elle nomme également, pour la première année, les commissaires institués par l'article 32 ci-après.

Ces administrateurs ne peuvent être nommés pour plus de six ans ; ils sont rééligibles, sauf stipulation contraire.

Toutefois, ils peuvent être désignés par les statuts, avec stipulation formelle que leur nomination ne sera point soumise à l'approbation de l'assemblée générale. En ce cas, ils ne peuvent être nommés pour plus de trois ans.

Le procès-verbal de la séance constate l'accep-
ation des administrateurs et des commissaires
présents à la réunion.

La société est constituée à partir de cette acceptation.

Art. 26. — Les administrateurs doivent être
propriétaires d'un nombre d'actions déterminé
par les statuts.

Ces actions sont affectées en totalité à la garantie de tous les actes de la gestion, même de
ceux qui seraient exclusivement personnels à
l'un des administrateurs.

Elles sont nominatives, inaliénables, frappées
d'un timbre indiquant l'inaliénabilité et déposées dans la caisse sociale.

Art. 27. — Il est tenu, chaque année au
moins, une assemblée générale à l'époque fixée
par les statuts. Les statuts déterminent le nombre d'actions qu'il est nécessaire de posséder,
soit à titre de propriétaire, soit à titre de mandataire, pour être admis dans l'assemblée, et le
nombre de voix appartenant à chaque actionnaire, eu égard au nombre d'actions dont il est
porteur.

Néanmoins, dans les assemblées générales
appelées à vérifier les apports, à nommer les
premiers administrateurs et à vérifier la sincérité de la déclaration des fondateurs de la
société, prescrite par le deuxième paragraphe
de l'article 24, tout actionnaire, quel que soit
le nombre des actions dont il est porteur, peut
prendre part aux délibérations avec le nombre
de voix déterminé par les statuts, sans qu'il
puisse être supérieur à dix.

Art. 28. — Dans toutes les assemblées générales, les délibérations sont prises à la majorité des voix.

Il est tenu une feuille de présence ; elle contient les noms et domiciles des actionnaires et le nombre d'actions dont chacun d'eux est porteur.

Cette feuille, certifiée par le bureau de l'assemblée, est déposée au siége social et doit être communiquée à tout requérant.

Art. 29. — Les assemblées générales qui ont à délibérer dans des cas autres que ceux qui sont prévus par les deux articles qui suivent, doivent être composées d'un nombre d'actionnaires représentant le quart au moins du capital social.

Si l'assemblée générale ne réunit pas ce nombre, une nouvelle assemblée est convoquée dans les formes et avec les délais prescrits par les statuts, et elle délibère valablement, quelle que soit la portion du capital représentée par les actionnaires présents.

Art. 30. — Les assemblées qui ont à délibérer sur la vérification des apports, sur la nomination des premiers administrateurs, sur la sincérité de la déclaration faite par les fondateurs aux termes du paragraphe 2 de l'article 24, doivent être composées d'un nombre d'actionnaires représentant la moitié au moins du capital social.

Le capital social, dont la moitié doit être représentée pour la vérification de l'apport, se compose seulement des apports non soumis à vérification.

Si l'assemblée générale ne réunit pas un nombre d'actionnaires représentant la moitié du capital social, elle ne peut prendre qu'une délibération provisoire. Dans ce cas, une nouvelle
assemblée générale est convoquée. Deux avis,
publiés à huit jours d'intervalle, au moins un
mois à l'avance, dans l'un des journaux désignés
pour recevoir les annonces légales, font connaître aux actionnaires les résolutions provisoires adoptées par la première assemblée, et ces
résolutions deviennent définitives si elles sont
approuvées par la nouvelle assemblée, composée
d'un nombre d'actionnaires représentant le cinquième au moins du capital social.

Art. 31. — Les assemblées qui ont à délibérer sur des modifications aux statuts ou sur des
propositions de continuation de la société au
delà du terme fixé pour sa durée, ou de dissolution avant ce terme, ne sont régulièrement
constituées et ne délibèrent valablement qu'autant qu'elles sont composées d'un nombre d'actionnaires représentant la moitié au moins du
capital social.

Art. 32. — L'assemblée générale annuelle
désigne un ou plusieurs commissaires, associés
ou non, chargés de faire un rapport à l'assemblée générale de l'année suivante sur la situation de la société, sur le bilan et sur les comptes
présentés par les administateurs.

La délibération contenant approbation du bilan
et des comptes est nulle, si elle n'a été précédée
du rapport des commissaires.

A défaut de nomination des commissaires par
l'assemblée générale ou en cas d'empêchement

ou de refus d'un ou de plusieurs des commissaires nommés, il est procédé à leur nomination ou à leur remplacement par ordonnance du président du tribunal de commerce du siége de la société, à la requête de tout intéressé, les administrateurs dûment appelés.

ART. 33. — Pendant le trimestre qui précède l'époque fixée par les statuts pour la réunion de l'assemblée générale, les commissaires ont droit, toutes les fois qu'ils le jugent convenable dans l'intérêt social, de prendre communication des livres et d'examiner les opérations de la société.

Ils peuvent toujours, en cas d'urgence, convoquer l'assemblée générale.

ART. 34. — Toute société anonyme doit dresser, chaque semestre, un état sommaire de sa situation active et passive.

Cet état est mis à la disposition des commissaires.

Il est, en outre, établi chaque année, conformément à l'article 9 du Code de commerce, un inventaire contenant l'indication des valeurs mobilières et immobilières et de toutes les dettes actives et passives de la société.

·L'inventaire, le bilan et le compte des profits et pertes sont mis à la disposition des commissaires le quarantième jour, au plus tard, avant l'assemblée générale. Ils sont présentés à cette assemblée.

ART. 35. — Quinze jours au moins avant la réunion de l'assemblée générale, tout actionnaire peut prendre, au siége social, communication de l'inventaire et de la liste des actionnaires, et se faire délivrer copie du bilan résumant l'inventaire et du rapport des commissaires.

Art. 36. — Il est fait annuellement, sur les bénéfices nets, un prélèvement d'un vingtième au moins, affecté à la formation d'un fonds de réserve.

Ce prélèvement cesse d'être obligatoire lorsque le fonds de réserve a atteint le dixième du capital social.

Art. 37. — En cas de perte des trois quarts du capital social, les administrateurs sont tenus de provoquer la réunion de l'assemblée générale de tous les actionnaires, à l'effet de statuer sur la question de savoir s'il y a lieu de prononcer la dissolution de la société.

La résolution de l'assemblée est, dans tous les cas, rendue publique.

A défaut par les administrateurs de réunir l'assemblée générale, comme dans le cas où cette assemblée n'aurait pu se constituer régulièrement, tout intéressé peut demander la dissolution de la société devant les tribunaux.

Art. 38. — La dissolution peut être prononcée sur la demande de toute partie intéressée, lorsqu'un an s'est écoulé depuis l'époque où le nombre des associés est réduit à moins de sept.

Art. 39. — L'article 17 est applicable aux sociétés anonymes.

Art. 40. — Il est interdit aux administrateurs de prendre ou de conserver un intérêt direct ou indirect dans une entreprise ou dans un marché fait avec la société ou pour son compte, à moins qu'ils n'y soient autorisés par l'assemblée générale.

Il est, chaque année, rendu à l'assemblée générale un compte spécial de l'exécution des marchés ou entreprises par elle autorisés, aux termes du paragraphe précédent.

ART. 41. — Est nulle et de nul effet à l'égard des intéressés toute société anonyme pour laquelle n'ont pas été observées les dispositions des articles 22, 23, 24 et 25 ci-dessus.

ART. 42. — Lorsque la nullité de la société ou des actes et délibérations a été prononcée aux termes de l'article précédent, les fondateurs auxquels la nullité est imputable et les administrateurs en fonctions au moment où elle a été encourue, sont responsables solidairement envers les tiers, sans préjudice des droits des actionnaires.

La même responsabilité solidaire peut être prononcée contre ceux des associés dont les apports ou les avantages n'auraient pas été vérifiés et approuvés conformément à l'article 24.

ART. 43. — L'étendue et les effets de la responsabilité des commissaires envers la société sont déterminés d'après les règles générales du mandat.

ART. 44. — Les administrateurs sont responsables, conformément aux règles du droit commun, individuellement ou solidairement, suivant les cas, envers la société ou envers les tiers, soit des infractions aux dispositions de la présente loi, soit des fautes qu'ils auraient commises dans leur gestion, notamment en distribuant ou en laissant distribuer sans opposition des dividendes fictifs.

ART. 45. — Les dispositions des articles 13, 14, 15 et 16 de la présente loi sont applicables en matière de sociétés anonymes, sans distinction entre celles qui sont actuellement existantes et celles qui se constitueront sous l'empire de la présente loi. Les administrateurs qui, en l'absence d'inventaire ou au moyen d'inventaire frauduleux, auront opéré des dividendes fictifs, seront punis de la peine qui est prononcée dans ce cas par le numéro 3 de l'article 15 contre les gérants des sociétés en commandite.

Sont également applicables, en matière de sociétés anonymes, les dispositions des trois derniers paragraphes de l'article 10.

Art. 46. — Les sociétés anonymes actuellement existantes continueront à être soumises, pendant toute leur durée, aux dispositions qui les régissent.

Elles pourront se transformer en sociétés anonymes dans les termes de la présente loi, en obtenant l'autorisation du gouvernement et en observant les formes prescrites pour la modification de leurs statuts.

Art. 47. — Les sociétés à responsabilité limitée pourront se convertir en sociétés anonymes dans les termes de la présente loi, en se conformant aux conditions stipulées pour la modification de eurs statuts.

Sont abrogés les articles 31, 37 et 40 du Code de commerce et la loi du 23 mai 1863 sur les sociétés à responsabilité limitée.

SECTION II

Sociétés anonymes soumises à l'autorisation du gouvernement.

On appelle *tontine*, du nom de l'inventeur, l'Italien Lorenzo Tonti, une association dans laquelle plusieurs personnes mettent en commun un fonds destiné à être réparti, à une époque déterminée, entre les survivants, avec les intérêts accumulés et la part des décédés. Ce n'est pas à proprement parler une société, le capital ne devra pas augmenter, les bénéfices des uns devant résulter du malheur des autres. Ces espèces de société se prêtent facilement à la fraude; aussi, la loi, pour protéger les souscripteurs, exige l'autorisation du gouvernement. Il en est de même pour les compagnies d'assurances sur la vie humaine.

La loi du 24 juillet 1867 s'exprime ainsi :

ART. 66. — Les associations de la nature des tontines et les sociétés d'assurances sur la vie, mutuelles ou à primes, restent soumises à l'autorisation et la surveillance du gouvernement.

Les autres sociétés d'assurances pourront se former sans autorisation. Un règlement d'administration publique déterminera les conditions sous lesquelles elles pourront être constituées (Décret du 22 janvier 1868).

CHAPITRE VI

SOCIÉTÉS A CAPITAL VARIABLE.

A l'imitation de l'Angleterre et de l'Allemagne, il s'est créé en France des *sociétés coopératives*, associations généralement composées d'ouvriers, ayant pour but soit le crédit mutuel, soit la consommation dans certaines conditions permettant le bon marché, soit la production sans le concours des capitalistes. Pour venir en aide au mouvement coopératif, le législateur de 1867 a organisé les sociétés à capital variable, lesquelles peuvent revêtir l'une ou l'autre des formes que nous connaissons.

Les sociétés coopératives ont plutôt un capital en voie de formation qu'un capital déjà formé. De plus, à raison même de leur composition, il est nécessaire de permettre à chaque associé de se retirer. Cependant la personne même de l'associé joue un certain rôle dans la coopération ; aussi, lorsque le capital est en actions, ces actions sont nominatives et il sera même possible de s'opposer à leur transfert.

Nous donnons ici le texte du titre III, de la loi du 24 juillet 1867 :

Art. 48. — Il peut être stipulé, dans les statuts de toute société, que le capital social sera susceptible d'augmentation par des versements successifs faits par les associés ou l'admission d'associés nouveaux, et de diminution par la reprise totale ou partielle des apports effectués.

Les sociétés dont les statuts contiendront la stipulation ci-dessus seront soumises, indépendamment des règles générales qui leur sont propres suivant leur forme spéciale, aux dispositions des articles suivants.

Art. 49. — Le capital social ne pourra être porté par les statuts constitutifs de la société au-dessus de la somme de deux cent mille francs.

Il pourra être augmenté par des délibérations de l'assemblée générale, prises d'année en année; chacune des augmentations ne pourra être supérieure à deux cent mille francs.

Art. 50. — Les actions ou coupons d'action seront nominatifs, même après leur entière libération ; ils ne pourront être inférieurs à cinquante francs.

Ils ne seront négociables qu'après la constitution définitive de la société.

La négociation ne pourra avoir lieu que par voie de transfert sur les registres de la société, et les statuts pourront donner, soit au conseil d'administration, soit à l'assemblée générale, le droit de s'opposer au transfert.

Art. 51. — Les statuts détermineront une somme au-dessous de laquelle le capital ne pourra être réduit par les reprises des apports autorisés par l'article 48.

Cette somme ne pourra être inférieure au dixième du capital social.

La société ne sera définitivement constituée qu'après le versement du dixième.

Art. 52. — Chaque associé pourra se retirer de la société lorsqu'il le jugera convenable, à moins de conventions contraires, et sauf l'application du paragraphe premier de l'article précédent.

Il pourra être stipulé que l'assemblée générale aura le droit de décider, à la majorité fixée pour la modification des statuts, que l'un ou plusieurs des associés cesseront de faire partie de la société.

L'associé qui cessera de faire partie de la société, soit par l'effet de sa volonté, soit par suite de décision de l'assemblée générale, restera tenu pendant cinq ans, envers les associés et envers es tiers, de toutes les obligations existant au moment de sa retraite.

Art. 53. — La société, quelle que soit sa forme, sera valablement représentée en justice par ses administrateurs.

Art. 54. — La société ne sera point dissoute par la mort, la retraite, l'interdiction, la faillite ou la déconfiture de l'un des associés ; elle continuera de plein droit entre les autres associés.

CHAPITRE VII

PUBLICATION DES ACTES DE SOCIÉTÉ.

Les tiers qui doivent traiter avec la société sont très-intéressés à connaître les conditions de son existence et de son fonctionnement. La loi de 1867 dans son titre IV a réglé très-minutieusement cette importante matière et a édicté une sanction sévère contre les contrevenants.

Voici la formule de l'extrait à publier, lorsqu'il s'agit d'une société en nom collectif, et que l'acte constitutif de cette société a été fait sous seing privé.

« D'un acte sous seing privé fait double à... le..., nregistré, il appert qu'une société en nom collectif a été formée entre M. (n. p. q. et d.) et M. (n. p. q. et d.), pour l'exploitation du commerce de...

Que la signature et la raison sociale est...

Que le capital social s'élève à...

Que chacun des associés a la signature sociale et ne peut en faire usage que pour les affaires de la société, et que la durée de la société est fixée à... années consécutives qui prendront cours le...

Pour extrait certifié véritable à... le... »

(Signatures des associés.)

Voici maintenant le texte de la loi :

Art. 55. — Dans le mois de la constitution de toute société commerciale, un double de l'acte constitutif, s'il est sous seing privé, ou une expédition, s'il est notarié, est déposé au greffe de la justice de paix et du tribunal de commerce du lieu dans lequel est établie la société.

A l'acte constitutif des sociétés en commandite par actions et des sociétés anonymes sont annexées:

1° une expédition de l'acte notarié constatant la

souscription du capital social et le versement du quart; 2° une copie certifiée des délibérations prises par l'assemblée générale dans les cas prévus par les articles 4 et 24.

En outre, lorsque la société est anonyme, on doit annexer à l'acte constitutif la liste nominative, dûment certifiée, des souscripteurs contenant les nom, prénoms, qualités, demeure et le nombre d'actions de chacun d'eux.

Art. 56. — Dans le même délai d'un mois, un extrait de l'acte constitutif et des pièces annexées est publié dans l'un des journaux désignés pour recevoir les annonces légales.

Il sera justifié de l'insertion par un exemplaire du journal certifié par l'imprimeur, légalisé par le maire et enregistré dans les trois mois de sa date.

Les formalités prescrites par l'article précédent et par le présent article seront observées, *à peine de nullité, à l'égard des intéressés*; mais le défaut d'aucune d'elles ne pourra être opposé aux tiers par les associés.

Art. 57. — L'extrait doit contenir les noms des associés autres que les actionnaires ou commanditaires; la raison de commerce ou la dénomination adoptée par la société et l'indication du siége social; la désignation des associés autorisés à gérer, administrer et signer pour la société; le montant du capital social et le montant des valeurs fournies ou à fournir par les actionnaires ou commanditaires; l'époque où la société commence, celle où elle doit finir, et la date du dépôt fait aux greffes de la justice de paix et du tribunal de commerce.

Art. 58. — L'extrait doit énoncer que la société est en nom collectif ou en commandite simple, ou en commandite par actions, ou anonyme, ou à capital variable.

Si la société est anonyme, l'extrait doit énoncer le montant du capital social en numéraire et en autres objets, la quotité à prélever sur les bénéfices pour composer le fonds de réserve.

Enfin, si la société est à capital variable, l'extrait doit contenir l'indication de la somme au-dessous de laquelle le capital social ne peut être réduit.

Art. 59. — Si la société a plusieurs maisons de commerce situées dans divers arrondissements, le dépôt prescrit par l'article 55 et la publication prescrite par l'article 56 ont lieu dans chacun des arrondissements où existent les maisons de commerce.

Dans les villes divisées en plusieurs arrondissements, le dépôt sera fait seulement au greffe de la justice de paix du principal établissement.

Art. 60. — L'extrait des actes et pièces déposés est signé, pour les actes publics, par le notaire, et, pour les actes sous seing privé, par les associés en nom collectif, par les gérants des sociétés en commandite ou par les administrateurs des sociétés anonymes.

Art. 61. — Sont soumis aux formalités et aux pénalités prescrites par les art. 55 et 56 :
Tous actes et délibérations ayant pour objet : la modification des statuts, — la continuation de la société au delà du terme fixé pour sa durée, — la dissolution avant ce terme et le mode de liquidation, — tout changement ou retraite d'associés — et tout changement à la raison sociale.

Sont également soumises aux dispositions des art. 55 et 56 les délibérations prises dans les cas prévus par les art. 19, 37, 46, 47 et 49 ci-dessus.

Art. 62. — Ne sont pas assujettis aux formalités de dépôt et de publication les actes constatant les augmentations ou les diminutions du capital social opérées dans les termes de l'art. 48, ou les retraites d'associés, autres que les gérants ou administrateurs, qui auraient lieu conformément à l'art 52.

Art. 63. — Lorsqu'il s'agit d'une société en commandite par actions ou d'une société anonyme, toute personne a le droit de prendre communication des pièces déposées aux greffes de la justice de paix et du tribunal de commerce, ou même de s'en faire délivrer à ses frais expédition ou extrait par le greffier ou par le notaire détenteur de la minute.

Toute personne peut également exiger qu'il lui soit délivré au siége de la société une copie certifiée des statuts, moyennant paiement d'une somme qui ne pourra excéder un franc.

Enfin, les pièces déposées doivent être affichées d'une manière apparente dans les bureaux de la société.

Art. 64. — Dans tous les actes, factures, annonces, publications et autres documents imprimés ou autographiés, émanés des sociétés anonymes ou des sociétés en commandite par action, la dénomination sociale doit toujours être précédée ou suivie immédiatement de ces mots écrits lisiblement en toutes lettres : *société anonyme* ou *société en commandite par actions*, et de l'énonciation du montant du capital social.

Si la société a usé de la faculté accordée par l'article 48, cette circonstance doit être mentionnée pàr l'addition de ces mots : *à capital variable.*

Toute contravention aux dispositions qui précèdent est punie d'une amende de cinquante francs à mille francs.

Art. 65. — Sont abrogées les dispositions des articles 42, 43, 44, 45 et 46 du Code du commerce.

CHAPITRE VIII

DISSOLUTION, LIQUIDATION ET PARTAGE DES SOCIÉTÉS.

Nous connaissons les causes générales de dissolution des sociétés. Nous savons aussi qu'il existe deux causes spéciales de dissolution, pour les sociétés anonymes : la perte des trois quarts du capital social et la réduction du nombre des associés au-dessous de sept.

La dissolution doit être portée à la connaissance du public, du moins quand l'événement qui met fin à la société n'était pas connu des tiers par la publication de l'acte de société, comme cela arrive pour l'échéance du terme convenu.

La société ayant pris fin, il faut liquider l'actif et le passif, et partager les résultats entre les associés, selon leurs droits.

Les associés nomment un ou plusieurs *liquidateurs*, pris parmi eux ou étrangers à la société.

Le liquidateur se livre à toutes les opérations nécessaires à l'accomplissement de sa mission. La liquidation a pour objet le passé : aucune nouvelle affaire n'est entreprise. Si les immeubles sont impartageables en nature on les vend par licitation. On suit, en cas de difficultés, les règles établies par le droit civil, en matière de *partage* des successions.

L'article 64 du Code de commerce décide que toutes les actions contre les associés non liquidateurs ou leurs représentants *se prescrivent par cinq ans* après la dissolution de la société.

Les associés liquidateurs poursuivis en cette qualité ne peuvent opposer que la prescription de droit commun (trente ans). Il en est de même pour les contestations entre associés.

CHAPITRE IX

NOTIONS DIVERSES.

SECTION I

Contestations entre associés.

Avant la loi du 17 juillet 1856, les contestations entre associés devaient être jugées par des arbitres : c'est ce qu'on appelait *l'arbitrage forcé*. Cette disposition exceptionnelle a été supprimée.

Aujourd'hui, les associés peuvent encore, en cas de contestation, avoir recours à des arbitres, comme le permet le droit commun. Nous pensons qu'ils pourraient convenir, par l'acte de société, que les contestations seront jugées par des arbitres nommés d'accord entre les parties, sinon par le tribunal de commerce. Mais la nomination des arbitres ne peut avoir lieu par avance, lorsque le litige n'existe pas.

SECTION II

Lois fiscales.

Le titre II de la loi du 5 juillet 1850 a assujetti au timbre les actions dans les sociétés.

Art. 14. — Chaque titre ou certificat d'action dans une société, compagnie ou entreprise quelconque financière, commerciale, industrielle ou civile, que l'action soit d'une somme fixe ou d'une quotité, qu'elle soit libérée ou non libérée, émise à partir du 1er janvier 1851, sera assujettie au timbre proportionnel de 50 cent. pour 100 fr. du capital nominal pour les sociétés, compagnies ou entreprises dont la durée n'excédera pas dix ans, et à 1 p. 0/0 pour celles dont la durée dépassera dix années.

A défaut de capital nominal, le droit se calculera sur le capital réel dont la valeur sera déterminée d'après les règles établies par les lois sur l'enregistrement.

L'avance en sera faite par la Compagnie, quels que soient les statuts.

La perception du droit proportionnel suivra les sommes et valeurs de 20 fr. en 20 fr. inclusivement et sans fractions (*V. loi*, 19 *mai* 1863, *art.* 6 *et* 9).

Art. 15. — (Abrogé par la loi du 23 juin 1857, art. 11.)

Art. 16. — Les titres ou certificats d'actions seront tirés d'un registre à souche ; le timbre sera apposé sur la souche et le talon.

Le dépositaire du registre sera tenu de le communiquer aux préposés de l'enregistrement, selon le mode prescrit par l'art. 54 de la loi du 22 frimaire an VII, et sous les peines y énoncées (*V. loi*, 2 *juillet* 1862, *art.* 19).

Art. 17. — Le titre ou certificat d'action délivré par suite de transfert ou de renouvellement, sera timbré à l'extraordinaire ou visé pour timbre gratis, si le titre ou certificat primitif a été timbré.

Art. 18. — Toute société, compagnie ou entreprise qui sera convaincue d'avoir émis une action en contravention à l'art. 14 et au premier paragraphe de l'art. 16, sera passible d'une amende de 12 p. 0/0 du montant de cette action.

Art. 19. — L'agent de change ou le courtier qui aura concouru à la cession ou au transfert d'un titre ou certificat d'action non timbré, sera passible d'une amende de 10 p. 0/0 du montant de l'action.

Art. 22. — Les sociétés, compagnies ou entreprises pourront s'affranchir des obligations imposées par l'art. 14, en contractant avec l'État un abonnement pour toute la durée de la société.

Le droit sera annuel et de 5 cent. par 100 fr. du capital nominal de chaque action émise ; à défaut de capital nominal, il sera de 5 cent. par 100 fr. du capital réel, dont la valeur devra être déterminée conformément au deuxième paragraphe de l'art. 14.

Le paiement du droit sera fait, à la fin de chaque trimestre, au bureau de l'enregistrement du lieu où se trouvera le siége de la société, de la compagnie ou de l'entreprise.

Même en cas d'abonnement, les art. 16 et 18 resteront applicables. Un règlement d'administration publique déterminera les formalités à suivre pour l'application du timbre sur les actions.

Art. 23. — Chaque contravention aux dispositions de ce règlement sera passible d'une amende de 50 fr.

Art. 24. — Seront dispensées du droit les sociétés, compagnies ou entreprises abonnées qui, depuis leur abonnement, se seront mises ou auront été mises en liquidation.

Celles qui, postérieurement à leur abonnement, n'auront, dans les deux dernières années, payé ni dividendes, ni intérêts, seront aussi dispensées du droit tant qu'il n'y aura pas de répartition de dividendes ou de payement d'intérêts.

Art. 25. — Les dispositions des articles précédents ne s'appliquent pas aux actions dont la cession n'est parfaite, à l'égard des tiers, qu'au moyen des conditions déterminées par l'art. 1690 C. c., ni à celles qui en ont été formellement dispensées par une disposition de loi.

Art. 26. — Dans le cas de renouvellement d'une société ou compagnie, constituée pour une durée n'excédant pas dix années, les certificats d'actions seront de nouveau soumis à la formalité du timbre, à moins que la Société ou Compagnie n'ait contracté un abonnement qui, dans ce cas, se trouvera prorogé pour la nouvelle durée de la société.

De plus, la loi du 23 juin 1857 et l'article 11 de la loi du 16 septembre 1871 ont frappé les *titres au porteur de toute nature* d'un *droit de transmission* qui a été porté par la loi du 30 mars 1872 à 25 cent. *annuellement.*

Ce droit, ainsi que celui de 50 cent. sur la transmission des *titres nominatifs* établi par la loi du 16 septembre 1871, sont perçus sur la valeur négociée, déduction faite des versements restant à faire sur les titres non entièrement libérés.

Une loi du 14 décembre 1875 a exempté de la taxe sur les biens de mainmorte, à partir du 1er janvier 1876, les sociétés anonymes ayant pour objet exclusif *l'achat et la vente des immeubles*, sauf pour les immeubles exploités par la société ou non destinés à être vendus.

SECTION III

Des sociétés commerciales en Belgique et des sociétés étrangères en général.

Il existe en Belgique une loi récente sur les sociétés, du 18 mai 1873. Cette loi renferme des dispositions généralement semblables à celles de notre loi de 1867. Nous allons indiquer les principales dissemblances.

En France, les actions ou coupons d'actions ne peuvent être inférieurs à 100 fr., lorsque le capital n'excède pas 200,000 fr., et à 500 fr., lorsque le capital est supérieur. En Belgique, aucun chiffre n'est fixé pour la division en actions.

La loi belge exige que le nombre des associés soit sept au moins, même pour les commandites par actions; pour la constitution définitive de la société, elle veut que le capital soit souscrit intégralement et que le vingtième au moins du capital soit versé en espèces. Les actions sont nominatives jusqu'à leur entière libération. Les cessions d'actions ne sont valables qu'après la constitution définitive de la société; elles ne peuvent être inscrites sur le registre des actionnaires qu'après versement du cinquième. Malgré la cession, le souscripteur reste personnellement responsable jusqu'à parfait paiement. La souscription des actions est publique et indique les avantages particuliers attribués aux fondateurs; les avantages sont également indiqués sur les actions au porteur.

Les sociétés anonymes en Belgique ne peuvent être formées que par acte authentique. Elles sont administrées par des mandataires à temps, révocables, associés ou non associés, salariés ou gratuits. Chaque administrateur nommé par les statuts doit déposer un nombre d'actions représentant le cinquantième du capital social. Les administrateurs nommés par l'assemblée générale déposent le nombre d'actions fixé par les statuts.

Les commissaires du contrôle sont la première fois nommés par l'acte constitutif; la durée de leur mandat ne peut dépasser six ans. En cas de perte de *moitié*, les administrateurs convoquent l'assemblée générale appelée à délibérer sur la dissolution. Si la perte atteint les trois quarts, la dissolution peut être prononcée par les actionnaires possédant un quart des actions représentées à l'assemblée.

La loi belge, dans ses articles 108 et 109, reconnaît l'association momentanée et l'association en participation. L'association momentanée est celle qui a pour objet de traiter, sans raison sociale, une ou plusieurs opérations de commerce déterminées ; les associés sont tenus solidairement envers les tiers avec qui ils ont traité. L'association en participation est celle par laquelle une ou plusieurs personnes s'intéressent dans des opérations qu'une ou plusieurs autres gèrent en leur propre nom.

Les articles 85 à 107 régissent la société coopérative, ainsi définie : « La société coopérative est celle qui se compose d'associés dont le nombre ou les apports sont variables et dont les parts sont incessibles à des tiers. »

L'article 1er de la loi française du 30 mai 1857 accorde aux sociétés anonymes et aux autres associations commerciales, industrielles et financières légalement constituées en Belgique, l'exercice de leurs droits en France, en se conformant aux lois de notre pays,

Des traités du même genre ont été conclus avec d'autres nations. Ils sont l'application en cette matière de l'article 11 du Code civil, aux termes duquel l'étranger jouit en France des mêmes droits civils que ceux qui sont ou seront accordés aux Français par les traités de la nation à laquelle cet étranger appartient.

Un décret du 26 mars 1868 admet à jouir du bénéfice de l'article 24 de la loi du 5 juin 1850, relative au timbre des actions dans les sociétés, les sociétés, compagnies et entreprises étrangères dont les titres sont cotés aux bourses françaises.

LES PROCÈS

CHAPITRE PREMIER

ORGANISATION DES TRIBUNAUX DE COMMERCE.

On est quelquefois dans l'obligation d'intenter un procès ou de répondre soi-même à une demande en justice. Le commerçant a intérêt à connaître les réponses qui doivent être faites aux questions suivantes : Quel est le juge en matière commerciale ? — Quelles sont les preuves admises ? — Quelle est la manière de procéder devant le juge de commerce ?

Nous devons donc voir tout d'abord quelle est l'organisation des tribunaux de commerce. On sait que le premier tribunal de commerce, à Paris, fut institué par le chancelier l'Hospital, en 1563. Après la Révolution, les tribunaux de commerce furent réorganisés par un décret du 6 octobre 1809. C'est encore par décret que se créent les nouveaux tribunaux de commerce : un règlement d'administration publique, dit l'article 615 du Code de commerce, déterminera le nombre des tribunaux de commerce et les villes qui seront susceptibles d'en recevoir par l'étendue de leur commerce et de leur industrie. — Article 616. L'arrondissement de chaque tribunal de commerce sera le même que celui du tribunal civil dans le ressort duquel il sera placé; et s'il se trouve plusieurs tribunaux de commerce dans le ressort d'un seul tribunal civil, il leur sera assigné des arrondissements particuliers.

Dans les arrondissements qui ne possèdent pas de tribunal de commerce, les juges ordinaires remplissent les fonctions de juges consulaires; une ou plusieurs audiences déterminées sont consacrées aux affaires commerciales : le tribunal *juge commercialement.*

Chaque tribunal de commerce est composé d'un président, de juges et de suppléants. Le principe électif de l'édit de 1563 s'est maintenu à travers les siècles. La législation toutefois a subi sur ce point de nombreuses modifications. Il importe de connaître la loi, relativement récente, du 21 décembre 1871, laquelle a remplacé les articles 618 à 621 du Code de commerce de la manière suivante :

Art. 618. — Les membres des tribunaux de commerce seront nommés dans une assemblée d'électeurs pris parmi les commerçants recommandables par leur probité, esprit d'ordre et d'économie. Pourront aussi être appelés à cette réunion les directeurs des compagnies anonymes de commerce, de finances et d'industrie, les agents de change, les capitaines au long cours et les maîtres au cabotage ayant commandé des bâtiments pendant cinq ans et domiciliés depuis deux ans dans le ressort du tribunal. Le nombre des électeurs sera égal au dixième des commerçants inscrits à la patente ; il ne pourra dépasser mille ni être inférieur à cinquante ; dans le département de la Seine, il sera de trois mille.

Art. 619. — La liste des électeurs sera dressée par une commission composée :

1° Du président du tribunal de commerce, qui présidera, et d'un juge au tribunal de commerce. Pour la première élection qui suivra la création d'un tribunal, on appellera dans la commission le président du tribunal civil et un juge au même tribunal ;

2° Du président et d'un membre de la chambre de commerce ; si le président de la chambre de commerce est en même temps président du tribunal, on appellera un autre membre de la chambre ; dans les villes où il n'existe pas de chambre de commerce, on appellera le président et un membre de la chambre consultative des arts et métiers ; à défaut, on appellera un conseiller municipal ;

3° De trois conseillers généraux choisis, autant que possible, parmi les membres élus dans les cantons du ressort du tribunal ;

4° Du président du conseil des prud'hommes, et, s'il y en a plusieurs, du plus âgé des présidents ; à défaut du conseil des prud'hommes, on appellera dans la commission le juge de paix ou le plus âgé des juges de paix de la ville où siége le tribunal ;

5° Du maire de la ville ou siége le tribunal de commerce, et, à Paris, du président du conseil municipal. — Les juges au tribunal de commerce, les membres de la chambre de commerce, les juges du tribunal civil, les conseillers généraux et les conseillers municipaux, dans les cas prévus aux paragraphes précédents, seront élus par les corps auxquels ils appartiennent. Chaque année, la commission remplira les vacances provenant de décès ou d'incapacités légales survenues depuis la dernière révision. Elle ajoutera à la liste, en sus du nombre d'électeurs fixé par l'art. 610, les anciens membres de la chambre et du tribunal de commerce, et les anciens présidents des conseils des prud'hommes. Ne pourront être portés sur la liste ni participer à l'élection, s'ils y avaient été portés :

1° Les individus condamnés soit à des peines afflictives ou infamantes, soit à des peines correctionnelles pour les faits qualifiés crimes par la loi, ou pour un délit de vol, escroquerie, abus de confiance, usure, attentat aux mœurs, soit pour contrebande quand la condamnation pour ce dernier délit aura été d'un mois au moins d'emprisonnement ;

2° Les individus condamnés pour contravention aux lois sur les maisons de jeu, les loteries et les maisons de prêts sur gages ;

3° Les individus condamnés pour les délits prévus aux art. 413, 414, 419, 420, 421, 423, 430, paragraphe 2 du Code pénal, et aux art. 596 et 597 du Code de commerce ;

4° Les officiers ministériels destitués ;

5° Les faillis non réhabilités, et généralement tous ceux que la loi électorale prive du droit de voter aux élections législatives.

La liste sera envoyée au préfet, qui la fera publier et afficher. Un exemplaire signé par le président du tribunal de commerce sera déposé au greffe du tribunal de commerce. Tout patenté du ressort aura le droit d'en prendre connaissance et, à toute époque, de demander la radiation des électeurs qui se trouveraient dans un des cas d'incapacité ci-dessus. L'action sera portée sans frais devant le tribunal civil, qui prononcera en la chambre du conseil. En appel, la Cour statuera dans la même forme.

Art. 620. — Tout commerçant, directeur de compagnie anonyme, agent de change, capitaine au long cours et maître au cabotage, porté sur la liste des électeurs ou étant dans les conditions voulues pour y être inscrit, pourra être nommé juge ou suppléant s'il est âgé de trente ans, s'il est inscrit à la patente depuis cinq ans et domicilié, au moment de l'élection, dans le ressort du tribunal. — Les anciens commerçants et agents de change seront éligibles s'ils ont exercé leur commerce pendant le même temps. — Nul ne pourra être nommé juge s'il n'a été suppléant. Le président ne pourra être choisi que parmi les anciens juges.

ART. 621. — L'élection sera faite au scrutin de liste pour les juges et les suppléants, et au scrutin individuel pour le président. Lorsqu'il s'agira d'élire le président, l'objet spécial de cette élection sera annoncé avant d'aller au scrutin. — Les élections se feront dans le local du tribunal de commerce, sous la présidence du maire du chef-lieu où siége le tribunal, assisté de quatre assesseurs qui seront les deux plus jeunes et les deux plus âgés des électeurs présents. — La convocation des électeurs sera faite, dans la première quinzaine de décembre, par le préfet du département. — Au premier tour de scrutin, nul ne sera élu s'il n'a réuni la moitié plus un des suffrages exprimés et un nombre égal au quart du nombre des électeurs inscrits. Au deuxième tour, qui aura lieu huit jours après, la majorité relative sera suffisante. La durée de chaque scrutin sera de deux heures au moins. — Le procès-verbal sera dressé en triple original, et le président en transmettra un exemplaire au préfet et un autre au procureur général ; le troisième sera déposé au greffe du tribunal. Tout électeur pourra, dans les cinq jours après l'élection, attaquer les opérations devant la Cour d'appel, qui statuera sommairement et sans frais. Le procureur général aura un délai de dix jours pour demander la nullité.

Pour compléter ce qu'il est utile de savoir sur l'organisation des tribunaux de commerce, nous citerons encore quelques articles du Code de commerce :

Art. 622. — A la première élection, le président et la moitié des juges et des suppléants dont le tribunal sera composé, seront nommés pour deux ans : la seconde moitié des juges et des suppléants sera nommée pour un an : aux élections postérieures toutes les nominations seront, faites pour deux ans.....

Art. 623. — Le président et les juges sortant d'exercice après deux années pourront être réélus immédiatement pour deux autres années. Cette nouvelle période expirée, ils ne seront éligibles qu'après un an d'intervalle.....

Art. 626. — Les jugements dans les tribunaux de commerce seront rendus par trois juges au moins, aucun suppléant ne pourra être appelé pour compléter ce nombre.....

Art. 628. — Les fonctions des juges de commerce sont seulement honorifiques.

CHAPITRE II

DE LA COMPÉTENCE DES TRIBUNAUX DE COMMERCE.

Les tribunaux de commerce constituent une juridiction exceptionnelle : pour qu'ils puissent juger, il faut que la loi, par un texte formel, leur ait donné cette mission, leur ait attribué cette compétence.

Un tribunal de commerce est donc *absolument incompétent* pour juger les contestations qui, ne lui ayant pas été réservées, appartiennent à la juridiction civile. Il est encore incompétent, mais d'une *incompétence relative* dont le vice peut être couvert par la comparution volontaire des parties en cause, lorsqu'il s'agit d'une instance dont un autre tribunal de commerce était appelé à connaître. Nous ne nous occupons dans le présent chapitre, que de la compétence générale attribuée aux tribunaux de commerce. Quand nous traiterons de la procédure, nous verrons devant quel tribunal de commerce celui qui intente une action, qui commence une instance, le *demandeur*, doit appeler son adversaire, le *défendeur*. Nous renvoyons au même chapitre les questions de compétence en premier ou en dernier ressort.

Les tribunaux de commerce connaissent de certaines contestations, tantôt à raison de la nature même des actes, c'est la compétence *réelle ;* tantôt à raison de la qualité des personnes, c'est la compétence *personnelle ;* tantôt enfin à raison tout à la fois de la nature propre de l'acte considéré en lui-même, et de la qualité de commerçants chez ceux qui sont engagés par cet acte : c'est la compétence *mixte*.

La **compétence réelle** comprend les contestations relatives :

1° Aux actes de commerce entre toutes personnes ;

2° Aux engagements des associés entre eux, (depuis la suppression de l'arbitrage forcé, loi du 17 juillet 1856).

3° Aux faillites.

La **compétence personnelle** rend les tribunaux de commerce compétents pour connaître :

1° Des contestations relatives aux engagements et transactions entre négociants, marchands et banquiers (parce que l'engagement contracté par un commerçant est présumé commercial. — *Se reporter aux notions générales données dans notre première partie*) ;

2° Des actions contre les facteurs, commis des marchands ou leurs serviteurs pour le fait seulement du trafic du marchand auquel ils sont attachés ;

3° Des billets faits par les receveurs, payeurs, percepteurs ou autres comptables de deniers publics.

La **compétence mixte** se trouve réglée par les articles suivants :

ART. 636. — Lorsque les lettres de change ne

seront réputées que *simples promesses* aux termes de l'article 112, ou lorsque les billets à ordre *ne porteront que des signatures d'individus non négociants*, et n'auront pas pour occasion des opérations de commerce, trafic, banque, charge ou courtage, le tribunal de commerce sera tenu de renvoyer au tribunal civil, s'il en est requis par le défendeur.

Art. 637. — Lorsque ces lettres de change et ces billets à ordre porteront *en même temps* des signatures d'individus négociants et d'individus non négociants, *le tribunal de commerce en connaîtra.*

CHAPITRE III

DES PREUVES EN MATIÈRE COMMERCIALE.

La conviction du juge de commerce peut se former par toute espèce de preuves.

« Les achats et ventes se constatent par actes publics, par actes sous signature privée, par le bordereau ou arrêté d'un agent de change ou courtier, dûment signé par les parties, par une facture acceptée, par la correspondance, par les livres des parties, par la preuve testimoniale, dans le cas où le tribunal croira devoir l'admettre. »

A cette énumération de l'article 109 du Code

de commerce, il faut ajouter l'*aveu*, la meilleure des preuves, et le *serment;* enfin les *présomptions*. On appelle présomptions les conséquences que la loi ou le juge tire d'un fait connu à un fait inconnu, le fait connu rendant certain ou du moins très-vraisemblable le fait allégué. Nous voyons un exemple de présomption dans l'article 638 : « Les billets souscrits par un commerçant seront censés faits pour son commerce. » Voilà une conséquence que la loi tire de la qualité de commerçant.

Il y a des exceptions au principe que le juge est maître de former sa conviction par tous moyens : la loi exige un *écrit* pour prouver l'existence d'une société, l'acceptation d'une lettre de change, l'affrétement d'un navire (l'écrit s'appelle alors *charte-partie*), le contrat d'assurance maritime, le prêt à la grosse.

Le Code civil dispense les commerçants de la formalité exigée par l'article 1326 de ce code et connue sous le nom du *bon pour* ou *approuvé*.

Quant à la formalité des *doubles*, dont traite l'article 1325 du Code civil, nous pensons qu'elle est repoussée comme règle générale par le Code de commerce. Ainsi, il n'est pas nécessaire que la lettre de voiture soit faite en autant d'originaux qu'il y a de parties ayant des intérêts distincts.

L'article 1328 du Code civil s'occupe de la *date certaine*. « Les actes sous seing privé n'ont de date contre les tiers que du jour où ils ont été enregistrés, du jour de la mort de celui ou de l'un de ceux qui les ont souscrits, ou du jour où leur substance est constatée dans des actes dressés par des officiers publics, tels que procès-verbaux de scellés ou d'inventaires. » Il n'est pas applicable en matière commerciale, et cela peut avoir un grand intérêt pratique en bien des circonstances. Ainsi, la communauté n'est tenue des dettes mobilières contractées par la femme avant son mariage qu'autant que ces dettes ont date certaine antérieure au mariage. La femme était à cette époque marchande publique ; la dette est inscrite sur les registres de son créancier. Cela suffira.

En droit commun la *preuve par témoins* n'est pas admise lorsque l'objet du litige dépasse 150 fr. Il en est tout autrement, en droit commercial : la preuve par témoins est toujours facultative pour le juge. Cette règle très-ancienne repose sur ce fait qu'en négoce on écrit fort peu, on se contente d'engagements verbaux ; puis, si on écrit, on peut commettre des inexactitudes dont la mauvaise foi profiterait. On écrit, par exemple, *j'envoie la mar-chandise*, et elle n'est pas encore envoyée.

Mais il faut bien remarquer que *le mode de preuve dépend non pas de la juridiction devant laquelle on plaide, mais de la nature de l'affaire*. Je ne suis pas commerçant et je fais un prêt à un commerçant, qui ensuite fait de mauvaises affaires. Il obtient un atermoiement de ses créanciers ; je me tiens en dehors de ces arrangements et je l'assigne en payement devant le tribunal de commerce. Pourra-t-il demander à prouver par témoins que j'ai consenti à lui donner du temps? Il ne le pourra pas, parce qu'il faut suivre les articles 1341 et suivants du Code civil, lorsqu'il s'agit d'un acte de droit civil.

L'article 109 du Code de commerce met au nombre des preuves une *facture acceptée*. L'acceptation n'a pas besoin de se trouver sur la facture, d'être formelle, expresse. Elle peut, par exemple, résulter du silence gardé par l'acheteur après réception de la facture. La facture fait foi de sa date, et nous savons qu'elle n'est pas soumise à la formalité des doubles.

La plus précieuse des preuves pour un commerçant, c'est sa *correspondance*. Il met en liasse les lettres qu'il reçoit, et copie celles qu'il envoie; la loi lui en fait un devoir. Il con-

serve soigneusement l'enveloppe des lettres,
et, autant que possible, met lui-même la sus-
cription sur le papier qui fait corps avec sa
missive, sur le *verso* de la lettre, parce que le
timbre de la poste donne à la date de sa lettre,
date en tout cas présumée sincère, une véritable authenticité.

On peut invoquer en justice une lettre adressée à un tiers; mais, lorsqu'on se l'est procurée
d'une façon licite, du consentement du destinataire et de l'auteur de la lettre.

Voici une question très-discutée en matière
de correspondance commerciale : un fabricant propose un marché à l'un de ses clients,
puis se ravise et écrit qu'il retire sa proposition. Cette lettre se croise avec une lettre du
client contenant acceptation. Le fabricant
peut-il être contraint à exécuter le marché?
— Nous pensons que le marché ne devient définitif qu'au moment où l'acceptation parvient
réellement entre les mains de l'auteur de la
proposition. Or, à ce moment, l'offre est déjà
retirée; le concours des volontés n'a donc pas
lieu; la convention ne s'est pas formée. C'est
de toute équité, car jusqu'à ce moment celui
qui a accepté peut détruire l'effet de cette acceptation par un contre-ordre, par exemple,
par un télégramme qui devancera sa lettre.

. 14

Lorsqu'on fait une proposition de vente ou d'achat, il est bon de fixer un délai pour la réponse. Le délai passé, on est dégagé, et si une réponse arrive, alors on prend le soin d'avertir immédiatement son correspondant que le marché n'a pas été conclu.

En matière de preuve par correspondance, il faut s'attacher aux termes des lettres ou télégrammes reçus lorsqu'ils sont représentés, aux termes des copies transcrites par l'expéditeur, lorsque les originaux ne sont pas produits ou que le fait de la réception est dénié.

Aux termes de l'article 12 du Code de commerce les *livres* régulièrement tenus peuvent être admis par le juge pour faire preuve entre commerçants pour faits de commerce.

Il y a deux façons de produire ses livres : la *communication* et la *représentation*. La communication est l'exception : elle n'est ordonnée qu'en cas de faillite, ou dans les affaires de succession, communauté, partage de société. Le livre est communiqué, lorsqu'il est remis tout entier à l'examen de justice. Il est seulement représenté lorsque le commerçant fait sa preuve en mettant sous les yeux du juge les articles qui se rapportent à ses dires. On conçoit qu'une simple représentation des livres n'a pas pour le commerçant les mêmes graves inconvénients qu'une divulgation complète; aussi elle peut toujours être demandée, et même ordonnée d'office par le juge.

Si la partie aux livres de laquelle on offre d'ajouter foi refuse de les représenter, le juge peut déférer le serment à l'autre partie (art. 17).

Il est bien entendu que les livres d'un commerçant ne font pas preuve contre une personne qui n'est pas commerçante; mais celle-ci peut les invoquer contre le commerçant.

Quoiqu'on ne soit tenu de conserver ses livres de commerce que pendant dix ans, s'il est prouvé qu'on les a conservés, on peut être tenu de représenter des livres plus anciens.

CHAPITRE IV

DE LA PROCÉDURE EN MATIÈRE COMMERCIALE.

La forme de procéder devant les tribunaux de commerce est réglée par le Code de procédure civile, dans ses articles 414 et 442.

La procédure se fait sans le ministère d'avoués. La partie se présente elle-même ou par un mandataire muni d'un pouvoir spécial. Ce pouvoir pourra être donné au bas de l'original ou de la copie de l'assignation : il sera exhibé au greffier avant l'appel de la cause.

Toute personne peut représenter les plaideurs devant le tribunal de commerce, à l'exception des huissiers. Il existe devant la plupart des tribunaux de commerce des mandataires dont le choix est indiqué aux parties par la confiance dont les a investis le tribunal. Ce sont les *agréés*.

Nous conseillons à nos lecteurs, s'il leur arrive d'avoir à plaider devant les tribunaux de commerce, de prendre tout d'abord l'avis d'un agréé et de ne point s'efforcer de diriger seuls leur procédure. En ces matières, une demi-science peut être plus dangereuse qu'une complète ignorance, aussi nous ne pouvons assez insister sur ce point : en général, et à moins qu'il ne s'agisse d'une affaire tout à fait simple, ne pouvant donner lieu à aucun incident (et le cas est rare, s'il existe), la meilleure procédure est de s'adresser immédiatement à ceux qui font honorablement profession de s'occuper des intérêts d'autrui.

Nous devons cependant donner quelques définitions et traiter brièvement de la compétence spéciale à chaque tribunal de commerce, ainsi que du taux du dernier ressort.

En matière civile, le principe est que le tribunal compétent est celui de l'arrondissement dans lequel se trouve le domicile du défendeur. En matière commerciale, le demandeur a une plus grande latitude : aux termes de l'article 420 du Code de procédure civile, il pourra assigner, à son choix, devant le tribunal du domicile du défendeur, devant celui dans l'arrondissement duquel la promesse a été faite et la marchandise livrée, devant celui dans l'arrondissement duquel le paiement devait être effectué. — Ainsi, un négociant d'Amiens achète des vins et se les fait livrer dans l'arrondissement de Bordeaux; il doit payer dans trois mois à Tours : le vendeur non payé assignera à son choix devant le tribunal d'Amiens ou devant celui de Bordeaux, ou devant celui de Tours.

Il faut remarquer que pour déterminer le lieu de juridiction, il faut que les deux conditions de formation de la convention et de livraison de la marchandise existent à la fois.

Nous n'entrerons pas dans les questions controversées en matière de compétence, notamment sur le lieu de la convention et sur le lieu du payement. Observons seulement sur ce dernier point qu'en principe le payement doit se faire au domicile du débiteur. Dans les ventes au comptant, quand la marchandise est livrée au domicile du vendeur, c'est ce domicile qui est le lieu du payement. Si la marchandise est livrée ailleurs, le lieu du payement se confondra encore avec le lieu de la livraison.

Quand une facture acceptée par l'acheteur porte par exemple l'énonciation suivante : « payable à 90 jours au domicile du vendeur, » l'acceptation de la facture emporte acceptation des énonciations qu'elle contient.

Lorsqu'une contestation s'élève entre deux personnes dont l'une seulement a fait acte de commerce, celle qui n'a pas fait acte de commerce peut assigner l'autre, à son choix, devant le tribunal civil ou devant le tribunal de commerce. Tout le monde sait ce que c'est qu'une *assignation*, exploit d'huissier par lequel le défendeur est appelé devant le tribunal. En matière commerciale, il n'y a pas de *préliminaire de conciliation. Le délai pour comparaître* n'est que d'un jour, et peut même être abrégé. Le demandeur n'est pas obligé de faire *élection de domicile*, dans l'exploit introductif d'instance. Si l'affaire ne se termine pas à la première audience, la loi veut que les parties non domiciliées dans le lieu ou siège le tribunal y fassent choix d'un domicile, dont le greffier prendra note et où toutes les significations de l'adversaire pourront être faites. A défaut de cette élection de domicile, toutes les significations pourront être faites au greffe même, considéré comme domicile élu.

Si l'une des parties prétend que le tribunal est incompétent, soulève ce qu'on appelle un *déclinatoire*, le tribunal peut statuer par un seul jugement, mais par deux dispositions distinctes, sur le déclinatoire et sur le fond de l'affaire. Tout jugement sur la compétence est susceptible d'appel.

En matière commerciale, *l'appel n'est pas suspensif :* l'exécution du jugement peut être poursuivie nonobstant l'appel, tantôt avec obligation pour celui qui a obtenu le jugement de fournir caution, tantôt sans caution.

Les tribunaux de commerce *ne connaissent pas de l'exécution de leurs jugements;* ils peuvent les interpréter; mais ils n'ont pas à s'occuper des voies de contrainte nécessaires pour obtenir l'exécution et qui n'ont rien de commercial. C'est là une matière qui appartient pleinement à la juridiction des tribunaux civils.

Les jugements sont *par défaut* lorsque l'une des parties n'a pas comparu. Cette partie peut former *opposition* au jugement par défaut. Si, sur son opposition, elle ne comparaît pas encore, le jugement devient définitif. Si au contraire, elle comparaît, l'affaire est jugée *contradictoirement*.

Le tribunal, avant le jugement définitif, peut avoir recours à divers moyens de s'éclairer, à diverses *voies d'instruction :* il peut exiger la comparution personnelle des parties, ou bien les renvoyer devant un ou plusieurs arbitres, chargés non pas de juger le procès, mais de s'efforcer de concilier les parties, sinon donner leur avis sur leurs différends dans un rapport qu'ils déposeront au greffe; ou bien nommer un ou plusieurs experts, hommes pourvus de connaissances spéciales, également chargés de dresser un rapport; ou bien ordonner une enquête; ou bien encore renvoyer les parties non pas devant des arbitres, mais devant l'un des membres du tribunal.

Le demandeur peut renoncer à son action ; c'est alors un *désistement*. Le défendeur, pour éviter des frais, peut avant ou après jugement, reconnaître le bien fondé de la demande; c'est un *acquiescement*. Les parties peuvent se concilier ou transiger et faire *rayer* l'affaire du rôle du tribunal. Enfin, le défendeur peut lui-même avoir une action contre le demandeur et cette action sera une défense à celle qui est intentée contre lui : il se portera *reconventionnellement* demandeur. Ainsi, l'acheteur assigné en retirement des marchandises peut avoir à former une demande reconventionnelle en résiliation de marché et en dommages-intérêts.

Les tribunaux de commerce jugent *en dernier ressort*, c'est-à-dire sans appel, lorsque la demande ne dépasse pas un certain chiffre que nous allons indiquer. Dans le cas contraire, ils ne jugent qu'en premier ressort; l'appel doit être porté devant la Cour dans le ressort de laquelle se trouve le tribunal. La procédure suivie devant la Cour est la même que pour les appels des jugements rendus en matière civile sommaire.

Art. 639. — Les tribunaux de commerce jugeront en dernier ressort : 1° toutes les demandes dans lesquelles les parties justiciables de ces tribunaux et usant de leurs droits auront déclaré vouloir être jugées définitivement et sans appel; 2° toutes les demandes dont le principal n'excédera pas la valeur de 1,500 fr.; 3° les demandes reconventionnelles ou en compensation, lors même que, réunies à la demande principale, elles excéderaient 1,500 fr. Si l'une des demandes principale ou reconventionnelle s'élève au-dessus des limites ci-dessus indiquées, le tribunal ne prononcera sur toutes qu'en premier ressort. Néanmoins il sera statué en dernier ressort sur les demandes en dommages-intérêts, lorsqu'elles seront fondées exclusivement sur la demande principale elle-même.

Lorsque la Cour d'appel juge comme le tribunal, elle *confirme* le jugement, son arrêt est confirmatif ; dans le cas contraire, elle *infirme*.

Le jugement ou arrêt rendu est *signifié* par huissier à la partie condamnée, à la requête de celui qui a obtenu gain de cause.

Art. 645. — *Le délai pour interjeter appel* des jugements des tribunaux de commerce sera de deux mois, à compter du jour de la signification du jugement, pour ceux qui auront été rendus contradictoirement ; et du jour de l'expiration du délai de l'opposition, pour ceux qui auront été rendus par défaut. L'appel pourra être interjeté le jour même du jugement.

Lorsqu'il s'agit d'un jugement en dernier ressort ou d'un arrêt, on n'a plus que la ressource d'un *pourvoi en cassation*.

Les *veuves et héritiers* des justiciables du tribunal de commerce peuvent y être assignés en reprise d'instance ou par action nouvelle pour les contestations qui auraient amené leur auteur devant cette juridiction.

CHAPITRE V

DES CONSEILS DE PRUD'HOMMES.

Les conseils de prud'hommes sont institués pour juger promptement et sans frais les contestations entre patrons et ouvriers, contre-maîtres ou apprentis, relatives à l'industrie pour laquelle la juridiction des prud'hommes a été instituée.

A défaut de prud'hommes la connaissance de ces contestations appartient aux juges de paix.

Les conseils de prud'hommes sont établis par décret. Les décrets d'institution déterminent le nombre des membres de chaque conseil. Ce nombre est de six au moins, non compris le président et le vice-président (V. Loi 1er juin 1853).

Les patrons, réunis en assemblée particulière, nomment directement les prud'hommes patrons. — Les contre-maîtres, chefs d'atelier et les ouvriers, également réunis en assemblée particulière, nomment les prud'hommes ouvriers en nombre égal à celui des prud'hommes patrons.

Les conseils de prud'hommes sont renouvelés par moitié tous les trois ans.

Les conseils de prud'hommes se divisent en petit et grand conseil. Le petit conseil, composé de deux membres seulement, remplit les fonctions d'un bureau de conciliation. En cas de non-conciliation, l'affaire est renvoyée devant le bureau général. Le bureau général est composé, indépendamment du président ou du vice-président, d'un nombre égal de prud'hommes patrons et de prud'hommes ouvriers. Ce nombre est au moins de deux prud'hommes patrons et de deux prud'hommes ouvriers, quel que soit le nombre des membres dont se compose le conseil. Un secrétaire remplit près du conseil les fonctions de greffier.

Les jugements des conseils de prud'hommes sont définitifs et sans appel, lorsque le chiffre de la demande n'excède pas 200 fr. en capital. — Au-dessus de 200 fr., les jugements sont sujets à l'appel devant le tribunal de commerce (V. articles 13 et 14 de la loi du 1er juin 1853).

CHAPITRE VI

DES COMPROMIS ET DES TRANSACTIONS.

Nous ne pouvons passer sous silence deux manières de terminer les procès : le compromis et la transaction.

Convenir avec son adversaire de s'en rapporter à la décision d'arbitres, c'est *compromettre*. Les arbitres rédigent leur sentence qui est un *jugement ou sentence arbitral*. Cette matière de l'*arbitrage* est réglée par le Code de procédure civile, articles 1003 à 1028.

Le compromis doit être rédigé par écrit. En voici un modèle :

Entre les soussignés, etc...
Il a été exposé ce qui suit... (prétentions et conclusions de chacune des parties).
Les soussignés voulant terminer ce différend par la voie de l'arbitrage, nomment par les présentes pour arbitres... (indication des deux arbitres), lesquels auront pouvoir de juger sur les faits ci-dessus, après avoir eu recours à tels moyens d'instruction qu'ils jugeront nécessaires.
En cas de partage, les arbitres appelleront à les départager... (indication du départiteur), lequel les soussignés déclarent accepter comme tiers-arbitre.

La sentence devra être rendue dans trois mois à dater de ce jour.

Les arbitres jugeront comme amiables compositeurs en dernier ressort, les soussignés s'interdisant formellement l'appel ou toute autre voie de recours.

Fait double à   le

On peut laisser aux arbitres nommés le choix du tiers arbitre. On peut aussi ne pas nommer les arbitres amiables compositeurs. En ce cas, les arbitres remplacent simplement le premier degré de juridiction, et, sauf conventions contraires, doivent suivre, ainsi que les parties, les délais et les formes établis pour les tribunaux (art. 1009 C. pr. c.).

Le jugement arbitral sera rendu exécutoire par une ordonnance du président du tribunal de première instance dans le ressort duquel il a été rendu ; à cet effet, la minute du jugement sera déposée dans les trois jours, par l'un des arbitres, au greffe du tribunal.

La sentence arbitrale n'emporte hypothèque judiciaire sur les biens de la partie condamnée que lorsqu'elle a été revêtue de cette ordonnance, appelée *ordonnance d'exequatur*.

Les parties *transigent* lorsque chacune d'elles abandonne quelque chose de ses prétentions pour arriver à un accord, pour mettre fin à une contestation ou prévenir une contestation à naître. Cette matière est régie par les articles 2044 à 2058 du Code civil.

La transaction doit être rédigée *par écrit*.

CHAPITRE VII

DES CHAMBRES DE COMMERCE ET DES CHAMBRES CONSULTATIVES DES ARTS ET MANUFACTURES.

Ces chambres sont établies par décret. Le nombre des membres ne peut être inférieur à neuf. La chambre de commerce de Paris est composée de vingt et un membres. — D'après la loi du 22 janvier 1872, les électeurs de ces assemblées sont les mêmes que ceux des tribunaux de commerce. (C'est ce qui explique la place du présent chapitre.)

Ces assemblées donnent leurs avis et font part de leurs vues au gouvernement sur tous les grands intérêts du commerce et de l'industrie. Elles sont en correspondance directe avec le ministre de l'agriculture et du commerce (Décret du 3 septembre 1851).

V

LA FAILLITE, LA BANQUEROUTE ET LA RÉHABILITATION

CHAPITRE PREMIER

LA DÉCLARATION DE FAILLITE ET SES EFFETS.

Quand une personne qui ne fait pas le commerce devient insolvable, on dit qu'elle tombe en *déconfiture*. Quand un commerçant est dans l'obligation de cesser ses paiements d'une manière générale et anormale, il peut être déclaré en *faillite*. Aux termes de l'article 437 du Code de commerce, « *tout commerçant qui cesse ses paiements est en état de faillite.* »

La faillite doit être *déclarée par un jugement du tribunal de commerce* du domicile du failli.

Si, avant cette déclaration, le commerçant dont les affaires sont embarrassées traite l'amiable avec *tous* ses créanciers, cet arrangement prend le nom d'*atermoiement*.

L'état de faillite déclarée diffère beaucoup de l'état de déconfiture et de la situation qu'a réglée un acte d'atermoiement. — L'administration de la fortune du failli est remise entre les mains d'un ou plusieurs syndics. La loi spéciale (du 28 mai 1838, laquelle constitue le livre III du Code de commerce) contient un grand nombre de dispositions ayant pour but de maintenir autant que possible l'égalité entre les créanciers, notamment en prohibant d'une façon très-rigoureuse tous actes qui auraient été faits en faveur de quelques-uns, au détriment des autres.

La faillite ne constitue ni un crime ni un délit, lorsqu'elle n'a pas été précédée d'imprudences graves ou de manœuvres coupables. Mais en cas contraire, la faillite devient un délit, la banqueroute, ou même un crime, la banqueroute frauduleuse (art. 402 C. pén.).

Le jugement déclaratif de la faillite est toujours nécessaire.

Il peut être provoqué de différentes manières : 1° par le commerçant lui-même ; 2° par ses créanciers ; 3° par le tribunal.

« Tout failli sera tenu, dans les trois jours de la cessation de ses paiements, d'en faire la déclaration au greffe du tribunal de commerce de son domicile. Le jour de la cessation des paiements sera compris dans les trois jours. » (Art. 438, premier alin.)

Le failli dépose son bilan, c'est-à-dire l'état de sa situation active et passive, accompagné autant que possible de l'indication des causes de la cessation des paiements.

Le dépôt du bilan a pour effet de permettre d'affranchir le failli du dépôt de sa personne à la maison d'arrêt. L'absence du dépôt de bilan, au contraire, permet de condamner le failli comme banqueroutier.

A défaut de dépôt de bilan, le tribunal de commerce peut d'*office*, sur les renseignements qui lui sont fournis, déclarer la faillite. Mais la plupart du temps, l'un des créanciers assigne en déclaration de faillite, ou bien encore un ou plusieurs créanciers présentent requête au tribunal pour obtenir cette déclaration.

La loi laisse aux magistrats un pouvoir discrétionnaire pour apprécier l'état de cessation de paiements. Mais un *commerçant* seul peut être déclaré en faillite, et il faut qu'il ait des *dettes commerciales*, quoique l'existence de dettes purement civiles puisse entrer en ligne de compte pour apprécier l'ensemble de la situation.

Il s'agit d'apprécier un fait, la cessation des paiements, et non l'insolvabilité réelle. On voit quelquefois une liquidation de faillite satisfaire complétement les créanciers, leur donner 100 p. 100.

La loi permet de faire déclarer en faillite un commerçant *décédé*. Mais il faut que l'état de cessation des paiements ait certainement existé avant le décès et que la demande en déclaration ou le jugement d'office ait lieu dans l'année du décès. On applique ces principes par analogie au commerçant retiré des affaires.

Le jugement déclaratif est *publié*. Il énonce : 1° la fixation, du moins provisoire, de l'époque de la cessation des paiements ; 2° la nomination d'un ou plusieurs syndics provisoires ; 3° celle d'un juge commissaire chargé de surveiller les opérations de la faillite. De plus, il ordonne l'apposition des scellés au domicile et aux magasins du failli. Il peut enfin ordonner le dépôt du failli à la maison d'arrêt.

Lorsque le jugement déclaratif a été prononcé d'office, ou par défaut, ou encore sur requête, il est susceptible d'opposition de la part du failli dans le délai de huitaine, et de la part de tout autre intéressé, dans le délai d'un mois, à partir de la publication du jugement.

Le jugement déclaratif entraîne plusieurs incapacités pour le failli. Nous en parlerons au chapitre de la réhabilitation.

Par ce jugement, le failli se trouve dessaisi de l'administration de sa fortune : elle passe aux syndics, représentants de l'ensemble des créanciers, de la masse créancière. Une hypothèque existe au profit de cette masse sur les immeubles du failli. Toutes les dettes du failli deviennent exigibles. Mais, à l'égard de la masse, les dettes chirographaires cessent de produire des intérêts. Sauf exceptions, les priviléges et hypothèques existant contre le failli ne peuvent plus être inscrits, à partir du jugement déclaratif. Les poursuites individuelles cessent, sauf exception au profit des créanciers qui ont une cause légitime de préférence.

Les syndics représentent le failli en justice et s'occupent de la liquidation de ses biens.

Pour plus de clarté nous allons reprendre ces différents effets de la déclaration de faillite.

1° *Dessaisissement.* — Les syndics, nous venons de le dire, ont en mains la fortune du failli. Ils peuvent continuer provisoirement son commerce, mettre à la tête de ce commerce un gérant, souvent le failli lui-même. En ce cas, les créanciers nouveaux ont droit au paiemeut intégral de leurs créances : ils sont les créanciers non du failli, mais de la masse représentée par les syndics.

On accorde des secours au failli pour subvenir à ses besoins et à ceux de sa famille (V. art. 530).

2° *Hypothèque* au profit de la masse des créanciers sur les immeubles du failli. — Les syndics sont tenus de prendre l'inscription. Cette hypothèque est utile, notamment au cas de concordat, pour assurer le paiement des dividendes promis par le failli.

3° *Exigibilité des dettes.* — Cet effet était indispensable pour permettre une prompte liquidation. Mais il ne se produit qu'à l'égard du failli. Ainsi, il ne donne pas aux syndics le droit d'agir, malgré le terme, contre les débiteurs et les coobligés du failli.

Il faut remarquer aussi que cette exigibilité ne permet pas aux créanciers du failli, qui sont en même temps ses débiteurs, d'invoquer la compensation. Ils doivent payer toute leur dette et produire à la faillite pour leur créance, sur laquelle ils ne recevront qu'un dividende.

Cette exigibilité ne permet pas non plus aux créanciers privilégiés ou hypothécaires d'exercer des poursuites. Ces créanciers sont pour ainsi dire en dehors de l'organisation de la faillite. Ils peuvent exercer des poursuites individuelles, à raison de cette idée ; mais ils ne peuvent l'écarter pour effacer le bénéfice du terme dont leur débiteur devait jouir.

Quant au *propriétaire* des lieux occupés par le failli, ses droits sont réglés ainsi qu'il suit par *la loi du 19 février* 1872 qui a modifié les articles 450 et 550 du Code de commerce : le propriétaire n'a de privilége, en cas de résiliation, que pour les termes échus pendant deux ans, à partir du jugement déclaratif de faillite et pour l'année courante. — Les créanciers du failli ont le droit de s'opposer à la demande en résiliation qui serait formée par le propriétaire, à la condition : 1° de payer les loyers échus ; 2° de garnir les lieux ; 3° de donner des sûretés suffisantes pour l'avenir.

Lorsqu'il y aura vente et enlèvement des meubles garnissant les lieux loués, le bailleur pourra exercer son privilége, comme au cas de résiliation, et en outre pour une année à écheoir à partir de l'expiration de l'année courante.

Les syndics auront *huit jours*, à partir du délai accordé par l'article 492 aux créanciers domiciliés en France pour la vérification de leurs créances, pendant lesquels ils pourront notifier au propriétaire leur intention de continuer le bail au nom de la masse des créanciers. Jusqu'à l'expiration de ce délai toutes voies d'exécution au profit du propriétaire et toutes actions en résiliation seront suspendues.

Le bailleur, s'il veut user des causes de résiliation dejà existantes, devra le faire dans les quinze jours de la notification à lui faite par les syndics.

4° *Interruption du cours des intérêts*, à l'égard de la masse des créanciers. — Il y a encore exception au profit des créanciers ayant une cause légitime de préférence. Ils peuvent réclamer les intérêts qui suivent accessoirement le sort de leurs créances, et ce, sur les sommes provenant des objets qui leur sont spécialement affectés.

5° *Impossibilité de prendre inscription* pour les hypothèques et les priviléges qui doivent être inscrits. — Il est de principe, en effet, qu'à la date du jugement déclaratif, les droits de chacun sont fixés.

Mais les inscriptions antérieurement prises peuvent être *renouvelées*.

S'il s'agit d'une acquisition nouvelle, la masse créancière ne peut en profiter qu'en respectant ses charges, les hypothèques et priviléges.

De même, en général, s'il agit d'un délai utile pour l'inscription, lequel a commencé à courir avant le jugement déclaratif, l'inscription peut être prise pendant tout le cours du délai.

6° *Cessation des poursuites individuelles.* — Avant la période de la faillite qui constitue l'état d'*union* des créanciers, les créanciers privilégiés, hypothécaires, ou munis de gage, conservent le droit de saisir les objets qui leur sont spécialement affectés. Mais si l'union intervient, ils ne peuvent que mettre fin à des poursuites antérieurement commencées.

La déclaration de faillite ne produit pas seulement des effets pour l'avenir, elle en produit encore *dans le passé*, pour l'époque de la cessation des paiements et même pour l'intervalle des dix jours qui ont précédé cette cessation.

L'époque de la cessation des paiements est fixée par le tribunal. Elle l'est ordinairement d'une façon provisoire au jour même du jugement déclaratif; mais elle peut être *reportée* à un jour bien antérieur.

Certains actes émanant du failli pendant la période que nous venons d'indiquer (à partir du dixième jour avant la cessation des paiements) sont *nuls de plein droit*. Les autres, *postérieurs à la cessation des jugements*, peuvent être déclarés nuls par la justice s'il est établi que ceux qui ont traité avec le failli avaient connaissance de cette cessation.

Les *inscriptions* de priviléges ou d'hypothèques prises depuis la cessation des paiements ou dans les dix jours qui l'ont précédée, peuvent être également déclarées nulles, si elles ont été prises plus de quinze jours après la naissance de la créance qu'elles sont destinées à garantir.

Insistons sur les nullités absolues ou *de plein droit*.

On conçoit que dans cette période (cessation des paiements et dix jours avant cette cessation), le failli soit déclaré sans droit pour faire des libéralités, et même des paiements qui constitueraient une faveur pour le créancier ou se produiraient dans des conditions suspectes. Ce serait également favoriser des créanciers au détriment de la masse que de consentir à leur profit des sûretés qu'ils n'ont pas réclamées à l'époque du contrat.

Aussi sont nuls :

1° Tous actes translatifs de propriété à titre gratuit ;

2° Tous paiements de dettes non échues;

3° Tous paiements même de dettes échues,

s'ils ont été faits autrement qu'en espèces ou effets de commerce ;

4° Toute constitution d'hypothèque pour garantir une dette antérieure.

CHAPITRE II

COUP D'ŒIL GÉNÉRAL SUR LES OPÉRATIONS DE LA FAILLITE.

Nous savons que des *syndics provisoires* sont nommés par le jugement déclaratif de faillite. Lorsque la faillite a peu d'importance, on nomme ordinairement un seul syndic.

Le premier acte des syndics est la levée des scellés et la confection de l'*inventaire* des biens du failli. Cet inventaire est dressé par eux, dans les trois jours de leur nomination, en présence du juge de paix, en double minute. L'une des minutes est déposée au greffe du tribunal de commerce; l'autre reste entre les mains des syndics.

Les livres de commerce du failli sont remis aux syndics; ils sont clos et arrêtés par eux.

Si le failli n'a pas déposé son bilan, ils dressent ce *bilan*.

Ils remettent au juge-commissaire, aussitôt que cela leur est possible, un *mémoire* dans lequel ils apprécient les causes de la faillite, décrivent son état apparent et donnent un aperçu de ses résultats probables.

Le *juge-commissaire* est chargé spécialement d'accélérer et de surveiller les opérations et la gestion de la faillite ; il préside les assemblées de créanciers ; il fait au tribunal de commerce le rapport de toutes les contestations que la faillite pourra faire naître ; il donne des autorisations aux syndics, dans les cas prévus par la loi. Ses ordonnances ne sont sujettes à recours devant le tribunal de commerce que lorsqu'il en a été ainsi décidé par un texte formel.

Aussitôt après le jugement déclaratif, le juge-commissaire, aux termes de l'article 462, convoque les créanciers présumés à se réunir dans un délai qui n'excédera pas quinze jours. Il consultera les créanciers présents à cette réunion tant sur la composition de l'état des créanciers présumés que sur la nomination de nouveaux syndics.

Sur le vu du procès-verbal de cette assemblée, le tribunal nomme de nouveaux syndics ou maintient en fonctions les syndics nommés par le jugement déclaratif. Ce dernier cas est le plus fréquent dans la pratique. Après ce jugement, les syndics prennent le nom de *syndics définitifs*.

Les syndics doivent immédiatement, de concert avec le juge-commissaire, procéder à la vérification des créances, opération très-importante à laquelle nous consacrerons le chapitre suivant.

Tant que la faillite n'a pas reçu une des solutions dont elle est susceptible, les syndics doivent prendre toutes les mesures conservatoires nécessaires, et faire différents actes d'administration : notamment faire inscrire l'hypothèque accordée par la loi à la masse des créanciers ; opérer le recouvrement des créances du failli. Ils peuvent aussi être autorisés par le juge-commissaire à faire vendre les marchandises, les objets sujets à dépérissement, à exploiter le fonds de commerce du failli, aux risques et périls de la masse des créanciers, à transiger sur toutes les contestations qui intéressent cette masse.

Si l'objet de la transaction est d'une valeur indéterminée ou qui excède 300 fr., la transaction ne sera obligatoire qu'après avoir été homologuée, savoir : par le tribunal de commerce pour les transactions relatives à des droits mobiliers, et par le tribunal civil pour les transactions relatives à des droits immobiliers. Le failli sera appelé à l'homologation ; il aura, dans tous les cas, la faculté de s'y opposer. Son opposition suffira pour empêcher la transaction, si elle a pour objet des biens immobiliers (art. 487).

Dans bien des cas les créanciers, effrayés par les avances nécessitées par les opérations de la faillite, préféreraient subir la loi de leur débiteur. L'article 461 offre, pour ces cas, la ressource suivante : « Lorsque les deniers appartenant à la faillite ne pourront suffire immédiatement aux frais du jugement de déclaration de la faillite, d'affiches et d'insertions de ce jugement dans les journaux, d'apposition des scellés, d'arrestation et d'incarcération du failli, l'avance de ces frais sera faite, sur ordonnance du juge-commissaire, par le trésor public, qui en sera remboursé par privilége sur les premiers recouvrements, sans préjudice du privilége du propriétaire. »

A quelque époque que ce soit, si le cours des opérations est arrêté, parce que l'actif ne suffit pas pour payer les frais d'administration, le tribunal pourra prononcer la *clôture de la faillite pour cause d'insuffisance d'actif* (art. 527).

Un mois après ce jugement, chaque créancier rentre dans l'exercice de ses droits contre le failli.

La faillite est simplement arrêtée ; elle n'a pas cessé.

Le failli ou l'un de ses créanciers pourra faire rapporter le jugement de clôture en justifiant qu'il existe des fonds pour faire face aux frais d'administration (art. 528).

La solution la plus désirable, en matière de faillite, et qu'on peut appeler la solution normale, c'est le *concordat*. Il peut être accordé à tout failli, hors le cas de banqueroute frauduleuse.

On doit distinguer le concordat ordinaire et le concordat par abandon d'actif. C'est toujours un traité passé entre le failli et la masse des créanciers, homologué par le tribunal.

Le concordat peut être, dans certains cas, annulé ou résolu.

A défaut de concordat, les créanciers sont en *état d'union*. Le tribunal nomme de nouveaux syndics, qui s'appellent *syndics de l'union*. Leurs pouvoirs sont suffisamment larges pour pourvoir à toutes les nécessités de la liquidation et de la répartition de l'actif.

A toute époque de la faillite, un arrangement peut intervenir entre le failli et *l'unani-*

mité de ses créanciers. C'est ce qu'on appelle un *concordat amiable.*

Après le coup d'œil général que nous venons de donner sur la matière des faillites, il nous reste à étudier spécialement :

1° La vérification des créances ;

2° Le concordat ;

3° L'union.

Nous verrions immédiatement après :

Les banqueroutes ;

La réhabilitation,

si nous ne devions pas nous arrêter un instant sur la situation de certains tiers et de certains créanciers autres que les créanciers ordinaires, ou *chirographaires.* Nous placerons ces notions dans plusieurs sections, sous la rubrique générale : *Notions diverses.*

CHAPITRE III

DE LA VÉRIFICATION DES CRÉANCES.

Pour faire partie de la masse des créanciers, et, par conséquent, voter au concordat, prendre part aux répartitions qui suivront soit le concordat, soit l'union, il faut faire vérifier et affirmer sa créance.

On peut confier ce soin à un mandataire. Un simple pouvoir sous seing privé suffit.

Il peut être ainsi conçu :

Je soussigné (n. p. q. et d.) donne pouvoir, par ces présentes, à M. (n. p. q. et d.) de, pour moi et en mon nom, se présenter à la faillite du sieur..., mon débiteur.

A cet effet, former opposition au jugement déclaratif de la faillite, soit pour le faire rapporter ou rétracter, soit pour faire changer l'époque de la cessation des paiements ; requérir toutes appositions, reconnaissances et levées de scellés; assister à tous inventaires et récolements; faire à ce sujet tous dires, réquisitions ou réserves; donner son avis sur la nomination de nouveaux syndics, sur l'adjonction, le remplacement ou la révocation d'un ou plusieurs des syndics nommés, provisoires ou définitifs; faire vérifier ma créance, en affirmer la sincérité, comme je l'affirme moi-même, dans le présent pouvoir; assister à la vérification des autres créances, fournir des contredits aux vérifications faites ou à faire, contester la validité de tous titres produits par les autres créanciers; prendre part à toutes les assemblées de créanciers; consentir toutes renonciations; accorder tous délais; traiter, transiger et en conséquence signer tous actes, concordats et arrangements; s'opposer à de semblables actes, les attaquer devant toute juridiction compétente, par toutes voies de droit; nommer tous syndics de l'union, leur donner tous pouvoirs, les révoquer, s'il y a lieu, en nommer d'autres ; remettre et retirer tous titres et pièces ; recevoir tous dividendes, toutes sommes, en donner quittance ; consentir concordat par abandon d'actif ; élire domicile, changer les domiciles élus ; faire tous actes conservatoires ou autres, et généralement ce qui sera nécessaire, quoique non prévu ici, promettant l'approuver.

Fait à   le

(avec les mots *bon pour pouvoir* avant la signature si le texte n'est pas de la main du mandant).

Le créancier ou son mandataire peut, aussitôt après le jugement déclaratif, remettre ses titres au greffier du tribunal de commerce, avec un bordereau de production dont voici un exemple :

Doit le sieur........ à Dufour, banquier à........

1877				
Janvier	15	Son mandat au 15 avril............	1,000	»
		Intérêts au 15 août...............	30	»
—	31	Notre remise espèces.............	500	»
Juillet.	3	Son mandat au 15 août (impayé)..	1,500	»
		Frais de protêt et lettres.........	9	75
		A déduire sa remise espèces, le 1er juillet 1877............	3,039	73
			300	
		Valeur au 15 août 1877. Solde en ma faveur............	2,739	75

Certifié véritable et conforme aux livres.

A............ le...............

(Signature.)

Le greffier donne au comparant un récépissé constatant la remise du *bordereau sur papier timbré*, indicatif des sommes réclamées et énumérant les titres de créance qui auraient été déposés entre ses mains.

Après la nomination des syndics définitifs, le créancier, s'il fait partie de l'état des créanciers présumés, reçoit une lettre du greffier du tribunal de commerce l'avertissant qu'il doit se présenter, en personne ou par fondé de pouvoir, dans un délai, qui est de vingt jours, s'il habite le lieu où siége le tribunal, aux syndics de la faillite et leur remettre ses titres accompagnés d'un bordereau, à moins qu'il n'ait fait déjà ou qu'il n'aime mieux faire ce dépôt au greffe (V. art. 492).

Les autres créanciers sont mis en demeure par des insertions dans les journaux d'annonces judiciaires. Le point de départ du délai de production est la date de ces insertions.

La vérification des créances a lieu après l'expiration de ce délai. Le moment en est déterminé dans une nouvelle convocation précisant le jour et l'heure, par lettre du greffier et par insertions dans les journaux.

Elle se fait en assemblée générale.

Les créances des syndics sont vérifiées par le juge-commissaire.

Les autres le sont contradictoirement entre le créancier ou son mandataire, les syndics, les créanciers déja vérifiés ou portés au bilan, et le failli, en présence du juge-commissaire, qui en dresse procès-verbal.

La créance peut être admise sans contredits. Elle peut l'être aussi après contestations portées devant le tribunal compétent.

Lorsque la contestation sur l'admission d'une créance aura été portée devant le tribunal de commerce, ce tribunal, si la cause n'est point en état de recevoir jugement définitif avant l'expiration des délais fixés à l'égard des personnes domiciliées en France, par les articles 492 et 497, ordonnera, selon les circonstances, qu'il sera sursis ou passé outre à la convocation de l'assemblée pour la formation du concordat. — Si le tribunal ordonne qu'il sera passé outre, il pourra décider par provision que le créancier contesté sera admis dans les délibérations pour une somme que le même jugement déterminera (art. 499).

Lorsque la contestation sera portée devant un tribunal civil, le tribunal de commerce décidera s'il sera sursis ou passé outre ; dans ce dernier cas, le tribunal civil saisi de la contestation jugera, à bref délai, sur requête des syndics, signifiée au créancier contesté, et sans autre procédure, si la créance sera admise par provision et pour quelle somme. — Dans le cas où une créance serait l'objet d'une instruction criminelle ou correctionnelle, le tribunal de commerce pourra également prononcer le sursis ; s'il ordonne de passer outre, il ne pourra accorder l'admission par provision, et le créancier contesté ne pourra prendre part aux délibérations de la faillite, tant que les tribunaux compétents n'auront pas statué (art. 500).

Le créancier dont le privilége ou l'hypothèque seulement serait contestée, sera admis dans les délibérations de la faillite comme créancier ordinaire (art. 501).

En cas d'admission, les syndics signeront sur le titre la déclaration suivante :

Admis au passif de la faillite de..... pour la somme de..... Le.....

Le juge-commissaire apposera son visa.

Chaque créancier, dans la huitaine au plus tard après la vérification de sa créance, est tenu d'*affirmer*, entre les mains du juge-commissaire qu'elle est sincère et véritable.

L'article 593 punit des peines de la banqueroute frauduleuse (travaux forcés à temps) l'affirmation de créances supposées.

A défaut de vérification, le créancier n'a pas

le droit de voter au concordat ; ce n'est que sur opposition signifiée aux syndics, et après avoir établi en justice la réalité de sa créance contradictoirement avec eux, qu'il pourra toucher le dividende afférent à cette créance, au cas où l'actif non encore réparti serait suffisant pour fournir tout ou partie du dividende (V. art. 503).

CHAPITRE IV

DU CONCORDAT.

SECTION 1

Du concordat simple.

Les créanciers vérifiés et affirmés ou admis par provision sont convoqués pour délibérer sur la formation du concordat.

Le concordat ne s'établit que par le concours d'un nombre de créanciers formant la *majorité* des créanciers vérifiés, présents ou non à la réunion, et représentant en outre les *trois quarts de la totalité des créances* vérifiées et affirmées ou admises par provision (art. 507).

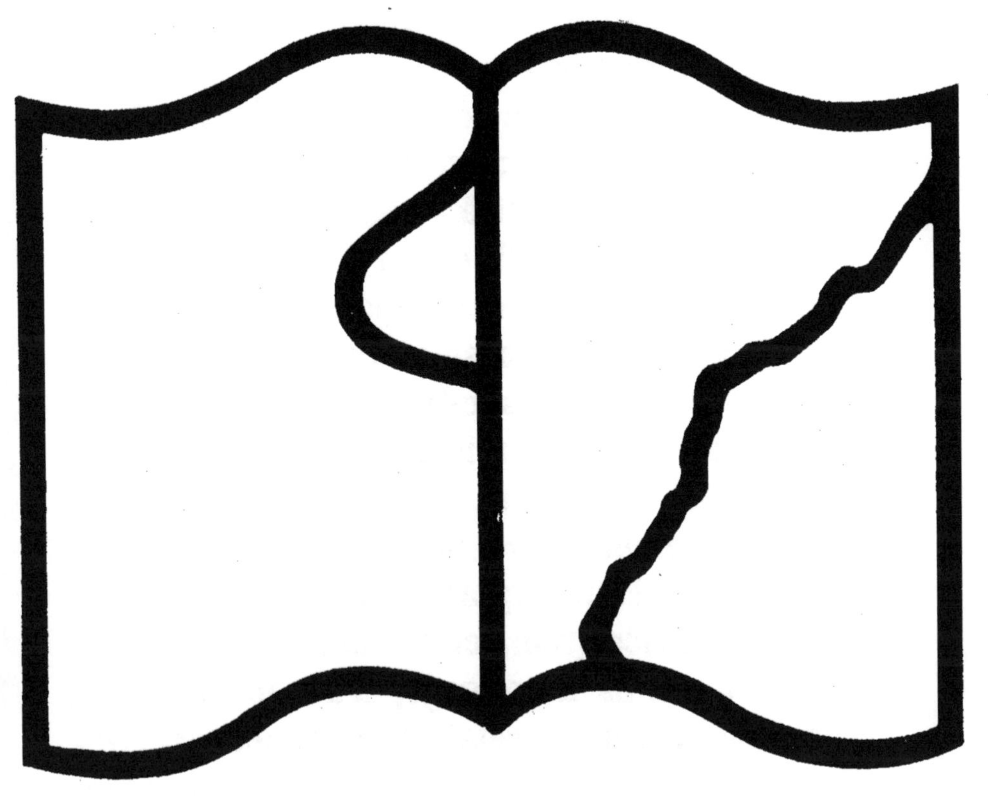

Texte détérioré — reliure défectueuse

NF Z 43-120-11

En général, le failli s'oblige à payer en une ou plusieurs fois une fraction déterminée de chaque créance. Il est libéré de tout ce qui excède ce dividende.

Le failli sera appelé à l'assemblée; il devra s'y présenter en personne.

Les syndics feront à l'assemblée un rapport sur l'état de la faillite, sur les formalités qui auront été remplies et les opérations qui auront eu lieu; le failli sera entendu.

Le rapport des syndics sera remis, signé d'eux, au juge-commissaire, qui dressera procès-verbal de ce qui aura été dit et décidé dans l'assemblée (art. 506).

Les créanciers hypothécaires inscrits ou dispensés d'inscription, et les créanciers privilégiés ou nantis d'un gage, n'auront pas voix dans les opérations relatives au concordat pour lesdites créances, et elles n'y seront comptées que s'ils renoncent à leurs hypothèques, gages ou priviléges. — Le vote au concordat emportera de plein droit cette renonciation (art. 508).

Le concordat sera, à peine de nullité, signé séance tenante. S'il est consenti seulement par la majorité en nombre, ou par la majorité des trois quarts en somme, la délibération sera remise à huitaine pour tout délai; dans ce cas, les résolutions prises et les adhésions données lors de la première assemblée demeureror sans effet (art. 509.)

Le concordat, pour être valable, doit ê' *homologué*, c'est-à-dire approuvé par le ti bunal.

L'homologation le rend *obligatoire pour tou les créanciers.*

Dans tous les cas, avant qu'il soit statué si l'homologation, le juge-commissaire fera au tribunal de commerce un rapport sur les caractères de la faillite et sur l'admissibilité du concordat (art. 514).

SECTION II

Du concordat par abandon d'actif.

Ce n'est qu'une variété du concordat, réglée par la loi du 17 juillet 1856 (art. 541). Le failli fait abandon de tout ou partie de ses biens à ses créanciers. Il est procédé à la liquidation et à la répartition de l'actif conformément aux règles de l'union. Ainsi, ce concordat est très-favorable au failli, qui par l'acceptation de l'abandon est complétement libéré de ses dettes, et les créanciers conservent les garanties d'une liquidation judiciaire.

SECTION III

De la résolution et de l'annulation du concordat.

1° Résolution. — *En cas d'inexécution par le failli des conditions de son concordat*, la résolution de ce traité pourra être poursuivie contre lui devant le tribunal de commerce, en présence des cautions, s'il en existe, ou elles dûment appelées. — La résolution du concordat ne libérera pas les cautions qui y seront intervenues pour en garantir l'exécution totale ou partielle (art. 520).

La faillite est rétablie (V. art. 522).

2° Annulation. — *Lorsque le concordat est simplement voté*, tous les créanciers ayant eu droit de concourir à ce vote ou dont les droits auraient été reconnus depuis, peuvent y former une opposition.

L'opposition sera motivée et devra être signifiée aux syndics et au failli, à peine de nullité, dans les huit jours qui suivront le concordat ; elle contiendra assignation à la première audience du tribunal de commerce. Le tribunal statuera sur ces oppositions et sur l'homologation par un seul et même jugement (art. 513).

Aucune action en nullité du concordat ne sera recevable, *après l'homologation*, que pour cause de dol découvert depuis cette homologation et résultant soit de la dissimulation de l'actif, soit de l'exagération du passif (art. 518).

Aussi, la banqueroute frauduleuse annule le concordat qui aurait été obtenu par le failli avant sa condamnation.

L'annulation du concordat libère de plein droit les cautions. C'est la principale différence entre les effets de la résolution et ceux de l'annulation. On comprend, dans ce dernier cas, que le traité étant anéanti, les engagements pris pour garantir son exécution disparaissent également.

Les effets du concordat peuvent encore être détruits par une *seconde faillite*, provoquée par de nouveaux créanciers. En ce cas, les créanciers antérieurs au concordat rentreront dans l'intégralité de leurs droits à l'égard du failli seulement ; mais ils ne pourront figurer dans la masse que pour les proportions suivantes, savoir : — S'ils n'ont touché aucune part du dividende, pour l'intégralité de leurs créances ; s'ils ont reçu une partie du dividende, pour la portion de leurs créances primitives correspondante à la portion du dividendo promis qu'ils n'auront pas touchée (art. 526).

Ainsi, supposons un créancier de la première faillite pour une somme de 10,000 fr. Le concordat devait lui donner 50 0/0 ; il n'a touché que 2,500 fr.; ce créancier figurera dans la seconde faillite pour 5,000 fr., et non 7,500 fr., car le dividende qu'il a touché correspond à une somme de 5,000 fr.

CHAPITRE V

DE L'UNION.

S'il n'intervient pas de concordat, nous savons que les créanciers sont en état d'union.

Les syndics de l'union doivent réaliser l'actif et le répartir entre les créanciers le plus promptement possible.

Quand cette liquidation est terminée, les créanciers sont convoqués pour entendre et approuver le compte des syndics. En cas de difficultés, le tribunal en est saisi.

Dans la dernière assemblée, les créanciers sont consultés sur ce point : la conduite du failli est-elle ou non excusable ?

Il faut se garder de confondre l'excusabilité avec la réhabilitation. La réhabilitation seule peut rendre au failli les droits qu'il a perdus.

Après la dissolution de l'union, les créanciers rentrent dans l'exercice de leurs actions individuelles, c'est-à-dire qu'ils conservent tous leurs droits et actions contre le failli sur les biens qu'il pourrait acquérir.

CHAPITRE VI

NOTIONS DIVERSES.

SECTION I

Des coobligés et des cautions.

Aux termes de l'article 542, le créancier porteur d'engagements souscrits, endossés ou garantis *solidairement* par le failli et d'autres coobligés qui sont en faillite, participera aux distributions dans toutes les masses et y figurera pour la valeur nominale de son titre *jusqu'à parfait paiement*.

Ainsi, jusqu'à parfait paiement, le créancier peut demander le montant intégral de sa créance dans toute faillite de l'un de ces débiteurs solidaires ; mais il ne pourra jamais toucher plus que ce qui lui est dû. En effet, à chaque vérification de créances, il devra présenter son titre, et ce titre indiquera les sommes pour lesquelles la créance a été admise et les dividendes déjà reçus (art. 497 et 569).

En principe, d'après l'article 543, *aucun recours*, à raison des dividendes payés, n'est ouvert *aux faillites des coobligés les unes contre les autres*. Mais il peut se faire que le créancier soit intégralement payé, et que, dans une masse, il reste une somme libre. En ce cas, la loi dit que cet excédant sera dévolu, suivant l'ordre des engagements, à ceux des coobligés qui auraient les autres pour garants.

Ainsi le débiteur principal et la caution sont tous deux en faillite. La faillite de la caution a donné 50 p. 100 au créancier. La faillite du débiteur principal donne 80 p. 100. Il reste une somme libre, 30 p. 100 : elle sera attribuée à la faillite de la caution, à raison du recours ouvert contre le débiteur principal au profit de la caution qui a payé tout ou partie de la dette.

En cas de *paiement partiel* accepté par le créancier, de l'un de ces codébiteurs, il faut distinguer si ce codébiteur était solvable ou en faillite. Dans le premier cas, le créancier ne peut plus produire que pour le surplus de sa créance. La loi ajoute : « Le coobligé ou la caution qui aura fait le paiement partiel sera comprise dans la même masse pour tout ce qui aura été payé à la décharge du failli. » (Art. 544.) Mais si le paiement partiel a été reçu d'un débiteur en faillite, le créancier conserve son action intégrale jusqu'à parfait paiement.

SECTION II

De la revendication.

Lorsque le failli retient certaines choses qui ne lui appartiennent pas, un droit de revendication est ouvert au profit du véritable propriétaire. Nous devons signaler quelques articles du Code de commerce qui indiquent à quelles conditions s'exerce ce droit de revendication.

1° Revendication des effets de commerce remis au failli *à titre de dépôt ou de mandat*, s'ils sont restés en nature dans le portefeuille du failli.

Voici comment est conçu l'article 574 : « Pourront être revendiquées, en cas de faillite, les remises en effets de commerce ou autres titres non encore payés, et qui se trouveront en nature dans le portefeuille du failli à l'époque de sa faillite, lorsque ces remises auront été faites par le propriétaire, avec le simple mandat d'en faire le recouvrement et d'en garder la valeur à sa disposition, ou lorsqu'elles auront été de sa part spécialement affectées à des paiements déterminés. »

2° **Revendication des marchandises** *remises au failli à titre de dépôt ou de mandat,* pourvu qu'elles se retrouvent en nature (art. 575).

Lorsque ces marchandises ont été vendues, on peut revendiquer le prix ou la partie du prix qui n'aura été ni payé ni réglé en valeur, ni compensé en compte-courant entre le failli et l'acheteur.

3° **Revendication des objets mobiliers vendus** *au failli et non payés par lui.*

L'article 550 décide que le privilége et le droit de revendication établis par le n° 4 de l'article 2105 du Code civil au profit du vendeur d'effets mobiliers ne seront pas admis, en cas de faillite.

Mais l'article 576 a apporté un tempérament à cette règle.

Aux termes de cet article pourront être revendiquées les marchandises expédiées au failli, *tant que la tradition n'en aura pas été effectuée dans ses magasins,* ou dans ceux du commissionnaire chargé de les vendre pour le compte du failli. — Néanmoins, la revendication ne sera pas recevable si, avant leur arrivée, les marchandises ont été vendues sans fraude, sur factures et connaissements ou lettres de voiture signées par l'expéditeur. — Le revendiquant sera tenu de rembourser à la masse les à-compte par lui reçus, ainsi que toutes avances faites pour fret ou voiture, commission, assurances ou autres frais et de payer les sommes qui seraient dues pour mêmes causes.

En tout cas, d'après l'article 577, le vendeur non payé pourra exercer le *droit de rétention* : « Pourront être retenues par le vendeur les marchandises par lui vendues, qui ne seront pas délivrées au failli, ou qui n'auront pas encore été expédiées, soit à lui, soit à un tiers pour son compte. »

Il n'y aura pas lieu à rétention si les syndics, au nom de la masse, veulent exécuter pleinement les conditions du marché. (V. art. 578.)

4° Revendication des biens propres à la femme du failli. — La loi a pris les précautions nécessaires pour qu'aucune fraude ne pût être concertée entre les époux pour enlever à la masse des créanciers une part de l'actif. La femme doit rigoureusement établir sa propriété (V. art. 559).

Voici, du reste, les textes du Code de commerce.

ART. 557. — En cas de faillite du mari, la femme dont les apports en immeubles ne se trouveraient pas mis en communauté reprendra en nature lesdits immeubles et ceux qui lui seraient survenus par succession ou donation entre-vifs ou testamentaire.

ART. 558. — La femme reprendra pareillement les immeubles acquis par elle et en son nom des deniers provenant desdites successions et donations, pourvu que la déclaration d'emploi soit expressément stipulée au contrat d'acquisition, et que l'origine des deniers soit constatée par inventaire ou par tout autre acte authentique.

ART. 559. — L'action en reprise résultant des dispositions des articles 557 et 558 ne sera exercée par la femme qu'à la charge des dettes et hypothèques dont les biens sont légalement grevés, soit que la femme s'y soit obligée volontairement, soit qu'elle y ait été condamnée.

ART. 560. — La femme pourra reprendre en nature les effets mobiliers qu'elle s'est constitués par contrat de mariage ou qui lui sont advenus par succession, donation entre-vifs ou testamentaire, et qui ne seront pas entrés en communauté, toutes les fois que l'identité en sera prouvée par inventaire ou tout autre acte authentique. A défaut par la femme de faire cette preuve, tous les effets mobiliers, tant à l'usage du mari qu'à celui de la femme, sous quelque régime qu'ait été contracté le mariage, seront acquis aux créanciers, sauf aux syndics à lui remettre, avec l'autorisation

du juge-commissaire, les habits et linges nécessaires à son usage.

Art. 564. — La femme dont le mari était commerçant à l'époque de la célébration du mariage,
ou dont le mari, n'ayant pas alors d'autre profession déterminée, sera devenu commerçant dans
l'année qui suivra cette célébration, ne pourra
exercer dans la faillite *aucune action à raison des
avantages portés au contrat de mariage* ; et, dans ce
cas, les créanciers ne pourront, de leur côté, se
prévaloir des avantages faits par la femme au
mari dans le même contrat.

SECTION III

Des créanciers hypothécaires, privilégiés ou nantis de gage.

Ces créanciers doivent s'abstenir de prendre
part aux délibérations du concordat. Nous savons que leur vote entraînerait de plein droit
renonciation à la sûreté spéciale qui leur a
été concédée.

Quant aux priviléges, nous avons plusieurs
observations à faire.

Rappelons d'abord que le privilége du vendeur d'objets mobiliers non payés est sup-
primé ; que le privilége du bailleur des lieux
occupés par le failli reçoit certaines restrictions. (L. 12 février 1872. — V. le texte nouveau des art. 450 et 550.)

L'article 549 accorde un *privilége aux commis et ouvriers :* « Le salaire acquis aux ouvriers employés directement par le failli, pendant le mois qui aura précédé la déclaration de faillite, sera admis au nombre des créances privilégiées, au même rang que le privilége établi par l'article 2101 du Code civil pour le salaire des gens de service. — Les salaires dus aux commis pour les six mois qui auront précédé la déclaration de faillite seront admis au même rang. »

Aux termes de l'article 551, « les syndics présenteront au juge commissaire *l'état des créanciers se prétendant privilégiés sur les biens meubles* et le juge commissaire autorisera, s'il y a lieu, le payement de ces créanciers sur les premiers deniers rentrés. — Si le privilége est contesté, le tribunal prononcera. »

Les *créanciers nantis de gage* ne sont compris dans l'actif que pour mémoire. Si les syndics estiment que la valeur du gage excède le montant de la créance, ils pourront se faire autoriser à le retirer en remboursant le créancier. Si le gage n'est pas retiré par les syndics, le créancier devra le faire vendre. Dans ce cas, si le prix de vente excède la créance, le surplus rentrera dans la masse. Si le prix est inférieur à la créance, le créancier produira chirographairement pour la différence.

L'hypothèque légale de la femme du failli est ramenée dans des limites rigoureuses.

Lorsque le mari sera commerçant au moment de la célébration du mariage, ou lorsque, n'ayant pas alors d'autre profession déterminée, il sera devenu commerçant dans l'année (il faut, en effet, que la femme ait pu s'attendre à ces restrictions de son hypothèque), les immeubles qui lui appartiendraient à l'époque de la célébration du mariage, ou qui lui seraient advenus depuis, soit par succession, soit par donation entre-vifs ou testamentaire, seront seuls soumis à l'hypothèque légale de la femme : — 1° pour les deniers et effets mobiliers qu'elle aura apportés en dot, ou qui lui seront advenus depuis le mariage par succession ou donation entre-vifs ou testamentaire, et dont elle prouvera la délivrance ou le payement par acte ayant date certaine ; 2° pour le remploi de ses biens aliénés pendant le mariage ; 3° pour l'indemnité des dettes par elle contractées avec son mari (art. 563).

Quant aux dettes que la femme aurait payées en l'acquit de son mari, elle ne pourra même produire chirographairement à la faillite, à raison de ces payements, que si elle prouve qu'ils ont été faits de ses propres deniers (art. 562).

A l'égard des créanciers hypothécaires ou ayant un privilége spécial sur des immeubles, tout doit être réglé, en définitive, comme si le prix des immeubles avait été distribué d'abord, les créanciers se présentant comme chirographaires pour la partie impayée de leurs créances. (V. art. 552 à 555.)

Mais ils ont le droit de se présenter, comme tous les autres créanciers, à la répartition du prix des meubles, si cette répartition a lieu avant celle du prix des immeubles.

Ainsi, un créancier hypothécaire de 20,000 fr. reçoit 50 p. 100 dans la répartition mobilière, soit 10,000 fr. A l'ordre ouvert sur le prix des immeubles, il prend 18,000 fr. Il n'aurait donc dû recevoir, dans la masse chirographaire, qu'un dividende proportionnel à 2,000 fr., soit 1,000 fr. Il devra rapporter 9,000 fr., lesquels seront distribués entre les créanciers chirographaires. Lui-même produira sur cette somme pour ce qui lui reste dû, soit pour 1,000 fr.

CHAPITRE VII

DE LA BANQUEROUTE.

On distingue deux sortes de banqueroutes : la *banqueroute simple* et la *banqueroute frauduleuse*.

Le banqueroutier simple a commis un délit puni par le tribunal de police correctionnelle.

Le banqueroutier frauduleux a commis un crime déféré au jury.

En matière de banqueroute frauduleuse, la tentative et la complicité sont punies.

De même, à la différence de ce qui se passe pour la banqueroute simple, la banqueroute frauduleuse met obstacle à la formation du concordat et à la réhabilitation.

On est poursuivi comme banqueroutier frauduleux, quand on a fait disparaître ses livres de commerce, lorsqu'on a dissimulé tout ou partie de l'actif, ou exagéré le passif.

Quant à la banqueroute simple, il est des cas où elle *peut* être déclarée, c'est-à-dire pour lesquels la loi s'en remet à l'appréciation des magistrats.

Ces cas sont au nombre de *six :*

Engagements excessifs contractés pour autrui sans couverture ;

Inexécution des clauses du concordat ;

Défaut de publication du contrat de mariage, quand cette publication est exigée par la loi ;

Défaut de dépôt de bilan et de déclaration de la cessation des payements ;

Défaut de tenue des livres obligatoires;

Non-comparution devant les syndics.

La banqueroute simple *doit* être déclarée, lorsque se présente l'un des *quatre* cas suivants :

Dépenses excessives ;

Pertes à la suite de jeu;

Emprunts ruineux;

Payements faits à l'un des créanciers, après la cessation des payements.

Du reste, le créancier qui aurait stipulé des avantages particuliers, à raison de son vote dans les assemblées de créanciers, ou qui aurait fait un traité particulier au détriment de la masse, non-seulement perdrait le bénéfice de semblables conventions, mais serait passible de prison.

Nous avons dit qu'en cas de banqueroute frauduleuse, la complicité est punie. Ainsi, seront condamnés comme complices ceux qui, dans l'intérêt du failli, auront dissimulé tout ou partie de l'actif; ceux qui auront affirmé des créances supposées.

L'époux, les ascendants et les descendants du failli ou ses alliés au même degré, qui auraient recélé ou diverti des objets appartenant à la faillite, sans avoir agi de complicité avec le failli, seraient punis des peines du vol.

Pour l'administration des biens en cas de banqueroute, les règles ordinaires sont suivies. (V. art. 601 à 603.)

CHAPITRE VIII

DE LA RÉHABILITATION.

Tout failli est soumis à certaines *incapacités* : l'entrée de la Bourse lui est interdite; il perd la jouissance de ses droits civiques. Ainsi, il est privé du droit de vote et d'éligibilité; il ne peut être juré, ni faire partie de la garde nationale; il ne peut être témoin instrumentaire dans un acte notarié. De plus, il ne peut être agent de change ni courtier. Pour le courtage des marchandises, il ne peut être courtier inscrit. Il ne peut se faire admettre à l'escompte par la Banque de France.

Le failli peut recouvrer la jouissance de ces différents droits par la réhabilitation, laquelle ne peut avoir lieu qu'après le payement intégral de toutes les dettes, même les dettes de la société, lorsque le failli était l'associé d'une maison de commerce tombée elle-même en 'aillite (1).

Le failli peut être réhabilité après sa mort.

Outre les banqueroutiers frauduleux, ne sont pas admis à la réhabilitation les personnes condamnées pour vol, escroquerie ou abus de confiance; les tuteurs, administrateurs ou autres comptables, qui n'ont pas rendu et soldé leurs comptes; les stellionataires. On appelle *stellionat* le fait de vendre ou hypothéquer un immeuble dont on sait n'être pas propriétaire ou de dissimuler des hypothèques.

Voici la procédure à suivre pour la réhabilitation :

Toute demande en réhabilitation sera adressée à la Cour d'appel dans le ressort de laquelle le failli sera domicilié. Le demandeur devra joindre à sa requête les quittances et autres pièces justificatives.

Le procureur général près la Cour d'appel, sur la communication qui lui aura été faite de la re-

(1) La faillite d'une société entraîne celle des associés solidaires ou associés en nom.

quête, en adressera des expéditions certifiées de lui au procureur de la République et au président du tribunal de commerce du domicile du demandeur, et si celui-ci a changé de domicile depuis la faillite, au procureur de la République et au président du tribunal de commerce de l'arrondissement où elle a eu lieu, en les chargeant de recueillir tous les renseignements qu'ils pourront se procurer sur la vérité des faits exposés.

A cet effet, à la diligence tant du procureur de la République que du président du tribunal de commerce, copie de ladite requête restera affichée pendant un délai de deux mois, tant dans les salles d'audience de chaque tribunal qu'à la Bourse et à la maison commune et sera insérée par extrait dans les papiers publics.

Tout créancier qui n'aura pas été payé intégralement de sa créance en principal, intérêts et frais, et toute autre partie intéressée, pourra pendant la durée de l'affiche former opposition à la réhabilitation par simple acte au greffe appuyé des pièces justificatives. Le créancier opposant ne pourra être jamais partie dans la procédure de réhabilitation.

Après l'expiration de deux mois, le procureur de la République et le président du tribunal de commerce transmettront, chacun séparément, au procureur général près la Cour d'appel, les renseignements qu'ils auront recueillis et les oppositions qui auront pu être formées. Ils joindront leurs avis sur la demande.

.Le procureur général près la Cour d'appel fera rendre arrêt portant admission ou rejet de la demande en réhabilitation. Si la demande est rejetée, elle ne pourra être reproduite qu'après une année d'intervalle.

L'arrêt portant réhabilitation sera transmis au procureur de la République et aux présidents des tribunaux auxquels la demande aura été adressée. Ces tribunaux en feront faire la lecture publique et la transcription sur leurs registres (art. 605 à 611).

FIN

PETITE BIBLIOGRAPHIE

DE

DROIT COMMERCIAL

---

§ 1er. — TEXTES.

Codes français et Lois usuelles, par H.-F. RI-
VIÈRE, FAUSTIN-HÉLIE et PAUL PONT, 1876. — Le Code
de commerce se vend séparément.

Code de commerce annoté, par SIREY et GILBERT.

§ II. — TRAITÉS GÉNÉRAUX.

Commentaire du Code de commerce, par BÉ-
DARRIDE, 1859-1876.

**Commentaire théorique et pratique du Code
de commerce et de la législation commer
ciale,** par ALAUZET. 2e édition, 1871.

Cours de droit commercial, par PARDESSUS, 1856-
1857.

Manuel du droit commercial, par BRAVARD-VEY-
RIÈRES et DEMANGEAT. 7e édition, 1868.

Précis du cours de droit commercial, par BOIS-
TEL, 1875.

Répétitions écrites sur le Code de commerce,
avec un formulaire, par RIVIÈRE. 7e édition, 1875.

Traité complet de droit commercial, par BRA-
VARD-VEYRIÈRES et DEMANGEAT, 1861-1863.

Traité théorique et pratique de droit com-

mercial, par DELAMARRE et LEPOITVIN. Nouvelle édition, 1860-1861.

§ III. — DROIT COMPARÉ.

Cours de droit commercial avec renvoi à la jurisprudence belge, par NAMUR, 1866.

Des sociétés commerciales en Belgique, par GUILLERY, 1877.

Le Code de commerce mis en concordance avec les principales législations étrangères, par OUDIN, 1875.

Manuel de droit commercial français et étranger, par HŒCHSTER, SACRÉ et OUDIN. Nouvelle édition, 1874.

§ IV. — TRAITÉS PARTICULIERS.

Assurances. — Exposé sommaire et synthétique de l'état de la jurisprudence en matière d'assurances terrestres, par MARTEAU, 1872.

Compte courant. — Traité du compte courant, par FEITU. 1873.

Contrat de transport. — Traité du contrat de transport par terre en général et spécialement par chemins de fer, par DUVERDY. 2ᵉ édition, 1874.

— Traité sur les transports par chemins de fer et par eau, par CHAUVET. Reims, 1870.

Effets de commerce. — Commentaire théorique et pratique des lois de 1865 et 1874 concernant les chèques, par NOUGUIER. 2ᵉ édition, 1874.

— Des lettres de change et des effets de commerce, par NOUGUIER. 4ᵉ édition, 1875.

Faillites. — Du privilége du propriétaire. Commentaire de la loi du 12 février 1872, par GENEVOIS. 1872.

Faillites. — Formulaire général des faillites et banqueroutes, par LAROQUE-SAYSSINEL et DUTRUC. 3ᵉ édition, 1877.

— Guide judiciaire et pratique en matière de faillites,
par DUCOIN, 1875.

— Traité des faillites et banqueroutes, par RENOUARD.
3ᵉ édition, 1857.

Juridiction commerciale. — De la compétence et
de la procédure des tribunaux de commerce, par
ORILLARD, 1855.

— Des tribunaux de commerce, des commerçants et
des actes de commerce, contenant un formulaire général des actes du ressort des tribunaux de commerce,
par NOUGUIER, 1844.

— Manuel des juges de commerce, par GASSE. 5ᵉ édition, 1866.

— Nouveau manuel des tribunaux de commerce, par
TEULET et CAMBERLIN, rédacteurs du *Journal des
tribunaux de commerce*, 1866.

Opérations de Banque et de Bourse. — Traité
de la possession des meubles et des titres au porteur,
par DE FOLLEVILLE et LONFIER. 2ᵉ édition, 1875.

— Traité théorique et pratique des opérations de la
Bourse, par BUCHÈRE, 1877.

— Traité théorique et pratique des opérations de
banque, par COURCELLE-SENEUIL. 6ᵉ édition, 1876.

Sociétés. — Commentaire de la loi sur les sociétés des
24-29 juillet 1867, d'après les documents officiels
et les discussions parlementaires, par MATHIEU et BOUR-
GUIGNAT, 1868.

— Commentaire de la loi du 24 juillet 1867, sur les
sociétés en commandite par actions, anonymes et
coopératives, par BÉDARRIDE, 1871.

— De la condition légale des sociétés étrangères en
France, par LYON-CAEN. 1877.

Sociétés. — Organisation, attributions, responsabilité des conseils de surveillance des sociétés en commandite par actions, par LEROU. 1876.

— Traité pratique et formulaire des sociétés civiles et commerciales, par VAVASSEUR, 1869.

— Traité théorique et pratique des sociétés par actions avec formules, contenant un commentaire de la loi du 24 juillet 1867, par VAVASSEUR, 1868.

Vente commerciale. — Essai sur la vente commerciale, par RIPERT, 1875.

§ V. — DROIT INDUSTRIEL.

Code pratique des prudhommes, par SARRASIN, 1876.

Traité pratique de droit industriel, par RENOU et DELORME, 1855.

Traité des marques de fabrique et de la concurrence déloyale, par POUILLET, 1875.

Traité théorique et pratique des brevets d'invention et de la contrefaçon, par POUILLET, 1872.

§ VI. — DICTIONNAIRES.

Dictionnaire du contentieux commercial et industriel, par DEVILLENEUVE, MASSÉ et DUTRUC. 6e édition, 1875.

Dictionnaire de droit commercial, industriel et maritime, par GOUJET, MERGER et R. DE COUDER. 3e édition, 1876.

TABLE DES MATIÈRES

FIN DE LA TABLE DES MATIÈRES.

TABLE DES FORMULES

FIN DE LA TABLE DES FORMULES.

TABLE

ALPHABÉTIQUE ET ANALYTIQUE

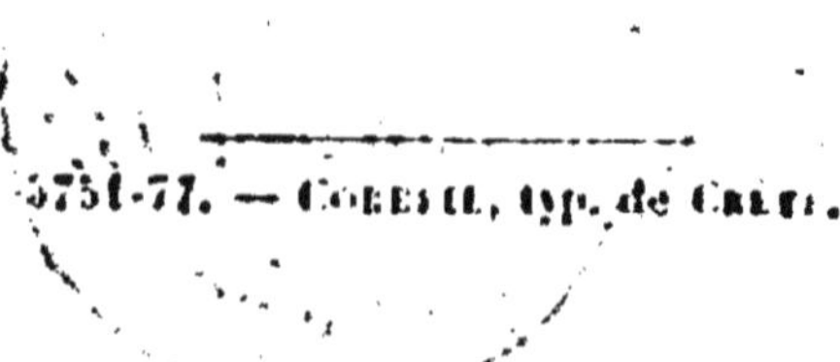

5751-77. — CORBEIL, typ. de Crété.

Abrégé de géographie, rédigé sur un nouveau plan, d'après les derniers traités de paix et les découvertes les plus récentes ; précédé d'un examen raisonné de l'état actuel des connaissances géographiques et des difficultés qu'offre la description de la Terre ; d'un aperçu sur la géographie astronomique, physique et politique ; des définitions les plus importantes ; d'observations critiques sur la population actuelle du globe, de la classification de ses habitants d'après les langues, les religions et la civilisation, etc. ; suivi d'une table alphabétique contenant 40,000 mots et pouvant tenir lieu de *Dictionnaire géographique*, par Adrien Balbi ; ouvrage adopté par l'Université. *Cinquième édition* (1869-1873), revue et augmentée par M. Henry Chotard, doyen de la Faculté des lettres de Clermont-Ferrand. 2 vol. gr. in-8, de 1700 pag. à 2 colonnes. . . . . 24 fr.

Avec un atlas de 12 cartes in-4 gravées pour cet ouvrage et coloriées avec le plus grand soin. . . . . 30 fr.

Dictionnaire géographique et statistique, rédigé sur un nouveau plan, par Adrien Guibert. Ouvrage autorisé par l'Université. *Nouveau tirage* (1863), augmenté d'un supplément de plus de 20,000 lignes et donnant la population de la France en 1861. 1 très-fort volume grand in-8, sur trois colonnes. . . . . 15 fr.

Demi-reliure chagrin. . . . . 19 fr.

www.ingramcontent.com/pod-product-compliance
Ingram Content Group UK Ltd.
Pitfield, Milton Keynes, MK11 3LW, UK
UKHW021011140726
13695UKWH00001B/189